Zoran Andonov

Verteidiger des Glaubens

Zoran Andonov

Verteidiger des Glaubens

Copyright © 2007 by Asaph Verlag, D-Lüdenscheid und CH-Kreuzlingen

1. Auflage 2007

Umschlaggestaltung: André Bégert
Satz: Jens Wirth/ASAPH
Druck: Schönbach-Druck, D-Erzhausen

Printed in the EU

ISBN 978-3-935703-93-2
Bestellnummer 147393

Für kostenlose Informationen über unser umfangreiches Lieferprogramm
an christlicher Literatur, Musik und vielem mehr wenden Sie sich bitte an:

ASAPH, D-58478 Lüdenscheid
E-Mail: asaph@asaph.net – Internet: www.asaph.net

oder

ASAPH AG, CH-8280 Kreuzlingen
E-Mail: info@asaph.net

Die höchste Intelligenz die jemals auf dieser Erde gelebt hat, glaubt dass die Bibel Gottes Wort, und dass Jesus Christus Gottes Sohn ist.

Zoran Andonov

INHALTSVERZEICHNIS

Die Bibel	9
Gott	38
Jesus Christus	62
Glaube	85
Liebe	107
Vergebung	119
Christentum	125

DIE BIBEL

Selig sind, die das Wort Gottes hören und bewahren.
Lukas 11,28

Wohl dem, der seine Bibel kennt!
Richard v. Weizsäcker

Die Bibel ist mein edelster Schatz, ohne den ich elend wäre.
Immanuel Kant

Der Massstab für das Leben und die Kraft eines Volkes wird immer seine Stellung zur Bibel sein.
Johann Wolfgang v. Goethe

Es ist auf Erden kein klareres Buch geschrieben denn die Heilige Schrift; sie ist gegen alle anderen Bücher gleich wie die Sonne gegen alle anderen Lichter.
Martin Luther

Ich glaube, dass die Bibel allein die Antwort auf alle unsere Fragen ist und dass wir nur anhaltend und demütig zu fragen brauchen, um die Antwort von ihr zu bekommen.
Dietrich Bonhoeffer

Die Schrift ist ein Kräutlein; je mehr du es reibst, desto mehr duftet es.
Martin Luther

Die Bibel ist wie eine Bank – am hilfreichsten, wenn sie geöffnet ist.
Corrie ten Boom

Im Evangelium findet sich ein Wort für jede Situation.
Chiara Lubich

Gott hat unser Herz gestillt durch eine Schrift, die er selbst frommen und heiligen Männern eingegeben hat und die darum die Heilige Schrift, die Offenbarung oder die Bibel, das Buch der Bücher, genannt wird. In diesem Buch finden wir Nachrichten und Worte, die kein Mensch sagen kann, Aufschlüsse über unser Wesen und über unseren Zustand und den ganzen Rat Gottes von unserer Seligkeit in dieser und jener Welt. So hoch der Himmel ist über der Erde, ist dieser Rat über alles, was in eines Menschen Sinn kommen kann; und ihr könnt diese Schrift nicht hoch und wert genug haben und halten.
Matthias Claudius

Dieses wunderbare Buch ist das grösste Geschenk, das Gott den Menschen gegeben hat. Alles, was der Herr und Heiland der Welt für uns am Kreuz vollbracht hat, erfahren wir aus diesem Buch.
Abraham Lincoln

Mein Sohn, auf meine Worte achte, meinen Reden neige dein Ohr zu! Lass sie nicht aus deinen Augen weichen, bewahre sie im Innern deines Herzens! Denn Leben sind sie denen, die sie finden, und Heilung für ihr ganzes Fleisch.
Sprüche 4,20-22

Die Bibel ist die grösste Liebesgeschichte aller Zeiten. Sie handelt von Gottes Liebe zu den Menschen – und besonders zu Ihnen.
Pete Carmichael

Die Heilige Schrift ist die Quelle der Weisheit, die von allen, die sie geschmeckt haben, den Schriften anderer Menschen vorgezogen wird, wie heilig, kundig, fromm und weise sie auch seien.

Johann Albrecht Bengel

Sie tun wohl, dass Sie Ihre einzige Beruhigung im Evangelium suchen; denn es ist die unversiegbare Quelle aller Wahrheiten, die, wenn die Vernunft ihr ganzes Feld ausgemessen hat, nirgends anders zu finden ist.

Immanuel Kant

Wie kannst du eigentlich das Evangelium lesen und doch Angst haben? Lies deinen Nerven aus dem Evangelium vor, dann müssen sie doch ruhig werden.

Franz Marc

Wenn du in dem Evangelium glaubst, was du willst, und ablehnst, was du willst, dann ist das, was du glaubst, nicht das Evangelium, sondern du selbst.

Augustinus

Wir müssen das Evangelium nicht lesen, wie ein Notar ein Testament liest, sondern so, wie der rechtmässige Erbe es liest.

Isaac Newton

Wo Gottes Wort nicht ist, da gibt es auch keine wahre Gotteserkenntnis.

Martin Luther

Die Apostel predigten damals zuerst das Evangelium, aber später, durch den Willen Gottes, überlieferten sie es uns in der Heiligen Schrift, damit es ein Fundament und eine Säule unseres Glaubens werden konnte.

Irenäus von Lyon

Wer seinen Gott verloren hat, der kann ihn in diesem Buch wiederfinden, und wer ihn nie gekannt, dem weht hier entgegen der Odem des göttlichen Wortes.

Heinrich Heine

Mein Volk kommt um aus Mangel an Erkenntnis.

Hosea 4,6

Trotz aller reichen Literatur gibt es kein Buch, das eine so gewaltige, sättigende Kraft hat als das Evangelium. Die Lesehungrigen, die von nichts mehr befriedigt werden, wie wäre es, wenn sie einmal zu diesem Buche greifen würden? Wie würden sie staunen, zu finden, dass die Bibel der Brennpunkt aller alten und neuen Literatur ist.

Peter Rosegger

Wenn ich in ein Gefängnis geworfen würde und nur ein Buch mitnehmen dürfte, wählt ich die Bibel.

Johann Wolfgang v. Goethe

Die Bibel! Wahrlich kein gewöhnliches Buch! Gehasst und verfolgt wie kein anderes, und doch unzerstörbar ... Es verbreitet sich mit erstaunlicher Geschwindigkeit in Hunderten von Sprachen, in vielen Millionen von Exemplaren über die ganze Welt, wird von einem Pol zum anderen gepredigt und gelesen; in seiner Kraft, im Glauben darauf gehen Männer in den Tod. – Ihr Gelehrten und Kritiker alle, schreibt doch einmal solch ein Buch, so wollen wir an euch glauben!

Bettex

Das Wort Gottes ist die einzige Richtschnur für Glauben und Leben.

Ulrich Zwingli

Die Bibel ist nicht antik, auch nicht modern, sie ist ewig.

Martin Luther

Himmel und Erde werden vergehen, meine Worte aber werden nicht vergehen.
Markus 13,31

Der Stolz der Pharaonen ist gefallen, das Reich Caesars untergegangen und der Griff Napoleons nach Europa abgewehrt, doch das Wort Gottes hat alles überlebt. Die Tradition hat ihm ein Grab ausgehoben, die Intoleranz manchen Scheiterhaufen in seinem Namen errichtet und der Atheismus es rücksichtslos bekämpft. Manch ein Petrus hat es mit einem Schwur verleugnet, manch ein Judas es mit einem Kuss verraten und manch ein Demas es wieder verlassen. Aber dennoch lebt es weiter.
Cumming

In der Heiligen Schrift tritt uns die Fülle des göttlichen Geistes entgegen; in allen Teilen: Propheten, Gesetz, Evangelium, ist sie Gottes Werk.
Origenes

Unter den Dingen, die klar in der Schrift niedergelegt sind, sind alle Angelegenheiten zu finden, die den Glauben und die Lebensführung betreffen.
Augustinus

Niemand soll denken, dass ihm die Bibel nicht hilft, nur weil er nicht jeden Tag etwas bemerkt. Die stärksten Auswirkungen geschehen oft still und ruhig und sind schwer zu erkennen, solange sie entstehen. Wie klein scheint der Einfluss des Mondes auf die Erde oder der Luft auf die Lungen! Wie heimlich fällt der Tau, und wie unsichtbar wächst das Gras! Auch die Lektüre der Bibel bewirkt weit mehr in der Seele, als sofort äusserlich sichtbar wird.
Ryle

Ich habe immer gesagt und ich sage es immer noch, dass das andauernde Studium der Heiligen Schrift bessere Bürger, Väter und Ehemänner machen wird.
Thomas Jefferson

Ich lese langsam die Bibel und lasse mich von ihrer Friedensbotschaft durchdringen.
Jean Jaurès

Bittet, und es wird euch gegeben werden; sucht, und ihr werdet finden; klopft an, und es wird euch geöffnet werden!
Matthäus 7,7

Die Bibel ist eine herrliche Schatzkammer. Gott zeigt sie allen, die ihn darum bitten. Sie kann nur durch den Schlüssel des Gebets geöffnet werden. Niemand kann ihre Reichtümer erkennen, wenn Gott sie ihm nicht zeigt, aber Gott weist keinen ab, der sie aufrichtig sucht. Die Weisen der Welt können diese Schatzkammer höchstens von aussen betrachten, sich darüber lustig machen oder andere durch ihre gelehrten Vermutungen überraschen, doch jedes Kind, das sie gesehen hat, kann ohne Studium und ohne Unsicherheit darüber berichten. Christus ist der Weg und die Tür zu dieser Schatzkammer, der Heilige Geist der „Fremdenführer", der in alle Wahrheit leitet.
Isaac Newton

Der Heilige Geist ist der Einzige, der die Bibel lehrt.
Benny Hinn

Ohne den Geist ist es nicht möglich, das Wort Gottes zu haben, und ohne den Sohn kann niemand zum Vater kommen; denn die Erkenntnis des Vaters ist der Sohn, und die Erkenntnis des Sohnes ist durch den Heiligen Geist.
Irenäus von Lyon

Es ist unmöglich, ein Volk, das die Bibel liest, geistig oder sozial zu versklaven.

Horace Greely

Ihr Christen habt in eurer Obhut ein Dokument mit genug Dynamit in sich, die gesamte Zivilisation in Stücke zu blasen, die Welt auf den Kopf zu stellen, dieser kriegszerrissenen Welt Frieden zu bringen. Aber ihr geht damit so um, als ob es bloss ein Stück guter Literatur wäre, sonst weiter nichts.

Mahatma Gandhi

Das Wort Gottes ist das Wasser des Lebens, je mehr man es weiterströmen lässt, umso frischer wird es. Es ist das Feuer der Herrlichkeit Gottes, je mehr man es ausblasen will, umso heller brennt es. Es ist das Korn auf des Herrn Ackerfeld, je besser es gedroschen wird, umso grösser ist die Ausbeute. Es ist das Brot vom Himmel, je mehr es gebrochen und verteilt wird, umso mehr bleibt übrig; es ist das Schwert des Geistes, je stärker es angewendet und dadurch blank gescheuert wird, umso heller leuchtet es.

Jewel

Ich werde mich an die Bibel halten, auch wenn die ungläubigen Philosophen behaupten, der Schöpfungsbericht sei verkehrt, die Psalmen seien voll von Rachegefühlen, die Propheten Fantasien verwirrter Männer, die Evangelien schwache Lobeshymnen auf einen Betrüger, die Epistel nur Briefe eines verrückten Juden und das ganze Buch sei überholt. O ihr Philosophen, lasst uns eure Lieder hören – nicht der Leidenschaft, denn die kenne ich zur Genüge, nicht der weltlichen Macht, denn davon höre ich überall, sondern lehrt mich, wie man Freude im Leid, Stärke in Schwachheit und Licht in den dunkelsten Tagen finden kann. Vorher will ich nicht von einer besseren Offenbarung hören!

Beecher

Kein Buch der Welt hat schon so viele Kritiker gehabt und keines ist, wie die Bibel, allen ohne Ausnahme überlegen geblieben.

Carl Hilty

Die Bibel ist nicht dazu da, dass wir sie kritisieren, sondern dazu, dass sie uns kritisiert.

Sören Kierkegaard

In jedem Haus eine Bibel und in jeder Hütte ein Neues Testament.

Victor Hugo

Die Heilige Schrift lesen heisst von Christus Rat holen.

Franz von Assisi

Christus ist Gottes Kraft und Gottes Weisheit, und wer die Heilige Schrift nicht kennt, der kennt weder Gottes Kraft noch seine Weisheit; die Schrift nicht kennen heisst Christus nicht kennen.

Hieronymus

In Freude und Leid, in Armut und Reichtum, in Krankheit oder Gesundheit, in jeder Lebenslage hat Gott eine Verheissung in seinem Wort für uns bereit. Wer ungeduldig ist, halte ruhig Zwiesprache mit Hiob; wer dickköpfig ist, lese über Mose und Petrus; wer kein Lied im Herzen hat, höre auf David; wer Politiker ist, lerne von Daniel; wer sich elend fühlt, lese in Jesaja; wer lieblos ist, höre auf Johannes, Jesu Jünger; wer keinen Glauben mehr hat, lerne von Paulus; wer träge wird, achte auf Jakobus; und wem der Blick für die Zukunft fehlt, studiere die Offenbarung über das verheissene himmlische Land.

Moody

Alle Schrift ist von Gott eingegeben und nützlich zur Lehre, zur Überführung, zur Zurechtweisung, zur Unterweisung in der Gerechtigkeit, damit der Mensch Gottes richtig sei, für jedes gute Werk ausgerüstet.

2. Timotheus 3,16

Die Existenz der Bibel als ein Buch für die Menschen ist der grösste Gewinn, den die menschliche Rasse je erfahren hat. Jeder Versuch, sie zu schmälern, ist ein Verbrechen gegen die Menschlichkeit.
Immanuel Kant

Ich habe in der Bibel Worte für meine innersten Gedanken, Lieder meiner Freude, Äusserungen meiner verborgenen Schmerzen.
Samuel Taylor Coleridge

Wo nicht Gottes Wort gepredigt wird, da ist`s besser, dass man weder singe, noch lese, noch zusammenkomme.
Martin Luther

Um erwachsene Christen zu werden, müsst ihr euch mit der Schrift vertraut machen!
Johannes Chrysostomus

Gott gab uns sein Wort, aus dem wir seinen Willen erkennen sollen. Die Bibel will gelesen und bedacht sein, täglich neu.
Dietrich Bonhoeffer

Das Fundament, der Zustand, die Vollkommenheit der Weisheit ist die Kenntnis der Heiligen Schriften.
Rabanus Maurus

Gründliche Bibelkenntnis ist mehr wert als ein Universitätsstudium.
Theodor Roosevelt

Der menschliche Geist, welche Fortschritte er auch auf anderen Gebieten zeitigen mag, wird nie die Höhe und die sittliche Kultur des Christentums übersteigen, das in den Evangelien aufstrahlt und erglüht.
Johann Wolfgang v. Goethe

Die Bibel: Die grosse Hausapotheke der Menschheit.
Heinrich Heine

Wer aber anders lehrt und lebt, als das Wort Gottes lehrt, der entheiligt unter uns den Namen Gottes. Davor behüte uns unser himmlischer Vater!
Martin Luther

Wenn Ihr Land und das meinige aufgrund der Lehren zusammenkommen, die von Christus in der Bergpredigt niedergelegt wurden, werden wir die Probleme gelöst haben, nicht nur diejenigen unserer Länder, sondern auch die der ganzen Welt.
Mahatma Gandhi

Die Bergpredigt verstehen kann nur ein Mensch, der den Mut hat, sich selbst radikal in Frage zu stellen – sich selbst, nicht die anderen, nicht nur dies und das an sich selbst.
Karl Rahner

Wer das Wort verachtet, dem geht es schlecht; wer aber das Gebot fürchtet, dem wird vergolten.
Sprüche 13,13

Alle, sowohl die Heiden wie die Christen, sind von tiefem Staunen ergriffen, denn sie erkennen, wie die Gebote Christi auch jeder natürlichen Einsicht entsprechen.
Franz Xaver

Das Evangelium, das von mir gepredigt ist, ist nicht von menschlicher Art. Denn ich habe es nicht von einem Menschen empfangen oder gelernt, sondern durch eine Offenbarung Gottes.
Galater 1,11-12

Das Evangelium ist so klar, dass es nicht viel Auslegens bedarf, sondern es will nur wohl betrachtet, angesehen und tief zu Herzen genommen sein.

Martin Luther

England besitzt zwei Bücher, die Bibel und Shakespeare. England formte Shakespeare, aber die Bibel formte England.

Victor Hugo

Statistisch gesehen, stellen die Evangelien die grösste Literatur dar, die je geschrieben wurde. Sie werden von mehr Menschen gelesen, von mehr Autoren zitiert, in mehr Sprachen übersetzt, öfter künstlerisch dargestellt, mehr vertont als jedes andere Buch, das je von einem Menschen irgendeines Jahrhunderts in irgendeinem Land verfasst wurde. Aber die Worte Christi sind nicht deshalb gross, weil sie statistisch den Werken anderer so überlegen sind. Sie werden deswegen mehr gelesen, mehr zitiert, mehr geliebt, mehr geglaubt und mehr übersetzt, weil sie die grössten Worte sind, die je gesprochen wurden. Und worin liegt ihre Grösse? Sie liegt in der reinen, lichten Geistlichkeit, mit der sie klar, definitiv und autoritativ die grössten Probleme behandeln, die das menschliche Herz bewegen, nämlich: Wer ist Gott? Liebt er mich? Was muss ich tun, um ihm zu gefallen? Wie steht er zu meiner Sünde? Wie bekomme ich Vergebung? Wo werde ich hinkommen, wenn ich sterbe? Wie soll ich mit meinen Mitmenschen umgehen? – Keines anderen Menschen Worte haben diese Vollmacht der Worte Jesu, weil kein anderer Mensch diese fundamentalen menschlichen Fragen so beantworten kann, wie Jesus sie beantwortet hat. Es sind die Worte und Antworten, wie wir sie von Gott erwarten würden; und wir, die wir an die Gottheit Jesu glauben, haben kein Problem mit der Frage, warum die Worte von seinen Lippen kamen.

Bernard Ramm

Es ist Jubel im Himmel, wenn ein einziger Mensch sich entscheidet, das Neue Testament zu lesen mit offenem und demütigem Herzen.

Zoran Andonov

Vor allem das Evangelium spricht mich während meiner inneren Gebete an; in ihm finde ich alles, was meiner armen Seele Not tut. Ich entdecke darin stets neue Einsichten, verborgene, geheimnisvolle Sinngehalte.

Therese von Lisieux

Mag die geistige Kultur nun immer fortschreiten, mögen die Naturwissenschaften in immer breiterer Ausdehnung und Tiefe wachsen und der menschliche Geist sich erweitern, wie er will – über die Hoheit und sittliche Kultur des Christentums, wie es in den Evangelien schimmert und leuchtet, wird er nicht hinauskommen.

Johann Wolfgang v. Goethe

Das Evangelium bietet das Wissen von der letzten Wahrheit, das die Menschen in der Philosophie vergebens gesucht haben, unvermeidlich vergebens, weil es der eigentlichen Natur Gottes entspricht, dass er nicht durch das Suchen und Forschen des menschlichen Geistes entdeckt werden kann, dass er nur dann erkennbar wird, wenn er zuerst die Initiative ergreift und sich selbst offenbart.

Casserley

Ich muss Ihnen gestehen, dass die Erhabenheit der Schrift mich erstaunt; die Heiligkeit der Evangelisten spricht zu meinem Herzen und trägt solch eindrucksvolle Züge der Wahrheit und ist ausserdem so vollkommen unnachahmlich, dass, wäre sie eine Erfindung der Menschen, die Erfinder grösser wären als die grössten Helden.

Jean-Jacques Rousseau

Denn es wird eine Zeit sein, da sie die gesunde Lehre nicht ertragen, sondern nach ihren eigenen Begierden sich selbst Lehrer aufhäufen werden, weil es ihnen in den Ohren kitzelt; und sie werden die Ohren von der Wahrheit abkehren und sich zu den Fabeln hinwenden.

2. Timotheus 4,3-4

Die Botschaft der Bibel ist klar für den, der sie liest und versucht, ihren Sinn zu verstehen. Probleme entstehen, wenn die Leute mit ihren vorgefassten Meinungen an die Bibel herangehen und versuchen, das Wort ihren Vorstellungen anzupassen. Das ist nicht die Schuld der Bibel, sondern der Menschen, die die Bibel zwingen zu sagen, was sie hören wollen.

Josh McDowell

Wir müssen getränkt sein vom Wort der Schrift, um richtig hören zu können.

Klaus Bockmühl

Da sprach der Herr zu mir: ... Einen Propheten wie dich will ich ihnen aus der Mitte ihrer Brüder erstehen lassen. Ich will meine Worte in seinen Mund legen, und er wird zu ihnen alles reden, was ich ihm befehlen werde. Und es wird geschehen, der Mann, der nicht auf meine Worte hört, die er in meinem Namen reden wird, von dem werde ich Rechenschaft fordern.

5. Mose 18,17-19

Ich will die Herrlichkeit des Gesetzes und der Propheten nicht mindern, im Gegenteil: Ich lobe sie, weil sie Christus ankündigen. Daher, wenn ich Mose und die Propheten lese, ist meine Absicht, nicht bei ihnen stehen zu bleiben, sondern durch sie zu Christus zu gelangen.

Hieronymus

Auf Jesus Christus schauen beide Testamente, das Alte in der Erwartung, das Neue auf ihn als Urbild, und beide als auf ihren Mittelpunkt.

Blaise Pascal

Dass die Bibel keine Spur von Humor enthält, ist eine der merkwürdigsten Tatsachen der ganzen Literatur.

Alfred North Whitehead

Denn das Wort vom Kreuz ist denen, die verloren gehen, Torheit; uns aber, die wir errettet werden, ist es Gottes Kraft.

1. Korinther 1,18

Jede grosse Idee, die als ein Evangelium in die Welt tritt, wird dem stockenden pedantischen Volke ein Ärgernis und einem Viel-, aber Leichtgebildeten eine Torheit.

Johann Wolfgang v. Goethe

Für das innere Unheil, das wir uns durch negative Gedanken bereiten, gibt es eine innere Heilung durch den Geist, der uns in den Worten der Heiligen Schrift begegnet.

Manfred Seitz

Es ist dir gesagt, Mensch, was gut ist und was der Herr von dir fordert, nämlich Gottes Wort halten und Liebe üben und demütig sein vor deinem Gott.

Micha 6,8

Nichts kann sich mit dem Evangelium vergleichen. Allein seine erhabene Einfachheit ist nicht jedem Menschen gleichermassen zugänglich.

Jean-Jacques Rousseau

Wenn jemand meine Lehre befolgt, der wird in Ewigkeit den Tod nicht schauen.

Johannes 8,51

Es gibt nur eine Frage in dieser Welt, und das ist die: das Evangelium Jesu Christi in die Herzen der Völker zu bringen.

William E. Gladstone

Ich bin so froh, dass die Bibel kein Fantasiegebilde ist, keine Einbildung – sie ist Wirklichkeit!

Corrie ten Boom

In diesem grossen Werke (dem Neuen Testament) ruht das Geheimnis aller Geheimnisse.
Lord Byron

Das Neue Testament ist im Alten verhüllt, das Alte im Neuen enthüllt.
Augustinus

Die Bibel ist das Beste, was unsere Literatur in schlichter edler Prosa geben kann.
Frederic Starison

Mein einziges Buch ist jetzt die Bibel; seitdem sie und mein Beten mir den Glauben erweckt haben, bin ich recht glücklich.
Ludwig Richter

Wenn ich meinem Herzen wohl tun will ..., so greife ich nicht zu den wirren Fragen der Philosophie, sondern ich nehme ein kleines Büchlein zur Hand – das Neue Testament. Darin finde ich unendlich mehr Klarheit und tiefere Wahrheit als in allen Schriften aller Philosophen zusammen.
Immanuel Kant

Wir lernen das Überirdische schätzen; wir sehnen uns nach Offenbarung, die nirgends würdiger und schöner brennt als in dem Neuen Testament.
Johann Wolfgang v. Goethe

Ein Bauernjunge, der die Bibel liest, weiss mehr von Gott als der gelehrteste Geistliche, der sie ignoriert.
William Tyndale

Wenn Sie ein intelligenter Mensch sind, dann werden Sie das eine Buch lesen, das mehr als jedes andere die Aufmerksamkeit auf sich gelenkt hat – wenn Sie nach der Wahrheit forschen.

Unbekannter Verfasser

Das Neue Testament ist das beste Buch, das die Welt je kannte oder kennen wird.

Charles Dickens

Das Evangelium weiss: Das Verstehen kommt erst nach dem Gehorsam, nicht vorher!

Sören Kierkegaard

Wer die Osterbotschaft gehört hat, der kann nicht mehr mit tragischem Gesicht herumlaufen und die humorlose Existenz eines Menschen führen, der keine Hoffnung hat.

Friedrich Schiller

In der Bibel steckt mehr, als viele Menschen glauben. Am besten, man überzeugt sich selbst davon! Es lohnt sich.

Winfried Vogel

Die Bibel ist das meistverkaufte Buch der Welt – ein absoluter Bestseller. Wer es nicht kennt, wird sich fragen: Warum eigentlich?

Winfried Vogel

In dem Mass, in dem wir das Evangelium leben, leben wir Zukunft!

Hans Millendorfer

Alle Bücher, die ich gelesen, haben mir den Trost nicht gegeben, den mir das Wort in der Bibel, Psalm 23,4 gab: „Ob ich schon wandere im finsteren Tal, fürchte ich kein Unglück, denn du, Herr, bist bei mir!"

Immanuel Kant

Nirgendwo habe ich stärkere Worte gefunden als in den Psalmen.

Swetlana Stalin

Unachtsamkeit dem Wort Gottes gegenüber bedeutet, blind durch das Leben zu gehen und zu glauben, ein Sehender zu sein. Der das Wort kennt und es nicht befolgt, ist nicht nur ein törichter Mensch, sondern er glaubt, darüber erhaben zu sein. Dies bringt ein Ende, welches man sich nicht wünscht.

Aloys Grass

Nur durch Gottes Wort können wir ein klares Verständnis für Gott gewinnen, und zwar so, wie er sich selbst uns vorgestellt hat. In diesem Buch der Bücher werden wir vertraut gemacht mit der Wahrheit selbst, mit dem Wort Gottes und mit dem Licht der Welt.

Richard Bennett

Die Bibel ist durch die Besonderheit ihres Ursprungs geprägt, und ein unermesslicher Abstand trennt sie von allen ihren Konkurrenten.

William E. Gladstone

Ich lese die Bibel, um zu wissen, was die Menschen machen sollen, und meine Zeitung, um zu wissen, was sie machen.

John Henry Newman

Man muss Bibel und Zeitung lesen. Man muss die Bibel lesen, damit man die Zeitung versteht. Die Zeitung verwirrt einen, wenn man sie nicht liest auf der Basis dessen, was die Bibel an Menschenbild und an Zukunftsperspektive hat. Wenn man das aus dem Blick verliert, dann wird man, wie der Apostel Paulus sagt, hin und her getrieben vom Winde der Meinungen.

Johannes Rau

Siehe, Tage kommen, spricht der Herr, HERR, da sende ich Hunger ins Land, nicht einen Hunger nach Brot und nicht einen Durst nach Wasser, sondern (danach) die Worte des HERRN zu hören. Und sie werden wanken von Meer zu Meer und vom Norden bis zum Osten. Sie werden umherschweifen, um das Wort des HERRN zu suchen, und werden es nicht finden.
Amos 8,11-12

Ein Volk, das die Zehn Gebote nicht achtet, ist ein verlorenes Volk.
Theodore Roosevelt

Der Mensch lebt in Wahrheit nicht vom Brote allein. Das ist ein Wort, das ewig ist. Daher müssen wir für das Geistige mehr tun, als bisher geschehen ist, damit unser Volk nicht herabsinkt.
Konrad Adenauer

Nicht von Brot allein soll der Mensch leben, sondern von jedem Wort, das durch den Mund Gottes ausgeht.
Matthäus 4,4

Die Bibel ist nicht eine religiöse Hypothese; sie ist in erster Linie ein authentischer Bericht, wie Gott sich dem Menschen geoffenbart hat. Und Gott allein kann Ihnen die geistliche Weisheit geben, die Sie brauchen, um zu erkennen, wer er ist und was er in Ihrem Leben tun möchte. Wenn Sie ihn darum bitten, wird er sich Ihnen durch sein heiliges Wort zu erkennen geben.
Richard Bennett

Da gibt es Menschen, die meinen, die Bibel wäre überholt. Nicht die Bibel ist überholt. Unsere Weltanschauungen sind überholt. Die Bibel führt uns in die Zukunft.
Wilhelm Busch

Die Bibel wiegt alle anderen Bücher auf, die je gedruckt worden sind.

Patrick Henry

In der Bibel gibt es mehr Echtheitsmerkmale als in jeder säkularen Geschichtsschreibung.

Isaac Newton

Alle Rede Gottes ist geläutert. Ein Schild ist er denen, die bei ihm (ihre) Zuflucht suchen.

Sprüche 30,5

Böse Menschen und Betrüger aber werden zu Schlimmerem fortschreiten, indem sie verführen und verführt werden. Du aber bleibe in dem, was du gelernt hast und wovon du überzeugt bist, da du weisst, von wem du gelernt hast, und weil du von Kind auf die heiligen Schriften kennst, die Kraft haben dich weise zu machen zur Rettung durch den Glauben, der in Christus Jesus ist.

2. Timotheus 3,13-15

Wenn an meinem Gedanken oder an meinem Stil etwas Bedenkenswertes sein sollte, so gilt meinen Eltern die Anerkennung dafür, dass sie mir früh die Liebe zur Schrift eingepflanzt haben. Wenn wir die in der Bibel gelehrten Prinzipien beibehalten, wird unser Land immer weiter gedeihen; doch wenn wir und unsere Nachkommenschaft ihre Lehren und Autorität vernachlässigen, dürfte niemand erahnen, wie plötzlich die Katastrophe uns überkommen und all unseren Ruhm in völliges Vergessen verwandeln könnte.

Daniel Webster

Du musst dir Zeit nehmen für deine Bibel, dann wird dir Kraft zufliessen aus dem Wort Gottes.

Ernst Modersohn

Solange das Wort Gottes in einer Sprache noch dauert und tönt, so richtet es das Menschenauge nach oben auf.

Jean Paul

Jede Silbe aus Gottes Wort, die wir – sogar unbewusst – in unser Unterbewusstsein aufnehmen, bleibt dort haften und wird ein nützlicher Bestandteil von uns.

Eugenia Price

Denn wir haben euch die Macht und Ankunft unseres Herrn Jesus Christus kundgetan, nicht indem wir ausgeklügelten Fabeln folgten, sondern weil wir Augenzeugen seiner herrlichen Grösse gewesen sind. Denn er empfing von Gott, dem Vater, Ehre und Herrlichkeit, als von der erhabenen Herrlichkeit eine solche Stimme an ihn erging: „Dies ist mein geliebter Sohn, an dem ich Wohlgefallen gefunden habe." Und diese Stimme hörten *wir* vom Himmel her ergehen, als wir mit ihm auf dem heiligen Berg waren. Und so besitzen wir das prophetische Wort um so fester, und ihr tut gut, darauf zu achten als auf eine Lampe, die an einem dunklen Ort leuchtet, bis der Tag anbricht und der Morgenstern in euren Herzen aufgeht, indem ihr dies zuerst wisst, dass keine Weissagung der Schrift aus eigener Deutung geschieht. Denn niemals wurde eine Weissagung durch den Willen eines Menschen hervorgebracht, sondern von Gott her redeten Menschen, getrieben von Heiligem Geist.

2. Petrus 1,16-21

Die Bibel ist Geschichte von gestern, hochaktuell heute und Zeitung von morgen.

Zoran Andonov

Wie einer liest in der Bibel, so steht am Haus sein Giebel.

Martin Luther

Die Bibel ist ein klares, exaktes, verlässliches, logisches Buch.

Derek Prince

Das Gras ist verdorrt, die Blume ist verwelkt. Aber das Wort unseres Gottes besteht in Ewigkeit.

Jesaja 40,8

Deshalb ist die Bibel ein ewig wirksames Buch, weil, solange die Welt steht, niemand auftreten und sagen wird: Ich begreife es im Ganzen und verstehe es im Einzelnen. Wir aber sagen bescheiden: Im Ganzen ist es ehrwürdig und im Einzelnen anwendbar.

Johann Wolfgang v. Goethe

Es enthält diese alte, ehrwürdige Urkunde die tiefsinnigste und erhabenste Weisheit und stellt Resultate auf, zu denen alle Philosophie am Ende doch wieder zurück muss.

Johann G. Fichte

Ich habe meine Bibliothek in meiner Hosentasche – 66 Bücher.

William Hake

Die Bibel ... sie ist nicht etwa nur ein Volksbuch, sondern das Buch der Völker, weil sie die Schicksale eines Volkes zum Symbol aller übrigen aufstellt.

Johann Wolfgang v. Goethe

Das Gesetz des HERRN ist vollkommen und erquickt die Seele; das Zeugnis des HERRN ist zuverlässig und macht den Einfältigen weise.

Psalm 19,8

Die Bibel liefert vor allem eine Theorie über den Sinn des Lebens und also Regeln, wie man sein Leben führen soll.

Neil Postman

Wenn es heisst: „Wenn dir einer auf die linke Backe schlägt, halte ihm auch die rechte hin. Wenn dich jemand um einem Mantel bittet, dann gib ihm deinen Mantel. Tut Gutes denen, die euch hassen. Segnet, die euch verfolgen", dann sind das keine schwierigen, schwer verständlichen Aufforderungen. Es ist nicht schwierig, es zu verstehen, aber es ist sehr schwierig, es dann auch zu tun. Die Botschaft ist nicht kompliziert. Erst in unserem verkehrten menschlichen Verstand wird sie kompliziert.

Derek Prince

Warum glauben so viele nicht an die göttlichen Wahrheiten? Etwa, weil sie ihnen nicht bewiesen sind? Nein, weil sie ihnen nicht gefallen.

Blaise Pascal

Das Grundproblem der Menschheit fasst die Bibel in einem Wort zusammen: Sünde. Das bedeutet: Wir verfehlen das Ziel oder erreichen es nicht, das Gott sich mit unserem Leben gesetzt hat.

Reinhard Bonnke

Gottes Wort, wenn wir es tief genug in uns aufnehmen, verändert unser Leben.

Roland Leonhardt

Die Bibel ist auch für Leute, die sie fast auswendig kennen, immer wieder ein neues Buch.

Robert Cleaver Chapman

Gottes Wort ist von Ewigkeit zu Ewigkeit. Sein Wort versagt nie. Gottes Wort ist wahr. Wenn wir in der Tatsache seiner Wahrheit ruhen, welch mächtige Ergebnisse werden wir sehen!

Smith Wigglesworth

Wer Einblick in die Thora (fünf Bücher Moses) gewinnt, staunt über die bis in die feinsten Nuancen von Gott inspirierten Worte. Thoragelehrte aller Zeiten sind davon überzeugt, dass die Thora noch gründlicher ist als Gottes Schöpfung. Nicht nur die darin enthaltenen göttlichen Anweisungen, sondern auch die beweisführende Gematria – die Lehre, dass der jeweilige Zahlenwert des Wortes mit der Aussage desselben Wortes übereinstimmt und noch zusätzliche Hinweise auf weitere Geheimnisse der Heiligen Schrift offenbart – sind unerschöpflich. Die Thora ist ein heiliges Fenster in Gottes Gedankenwelt.

Ludwig Schneider

Gottes Wort ist wahrer als alle meine Gefühle. Gottes Wort ist wahrer als alle meine Erfahrungen. Gottes Wort ist wahrer als alle Lebensumstände, in die ich geraten mag. Gottes Wort ist wahrer als alles in der Welt.

Ney Bailey

Man kann nicht Christ sein, ohne die Bibel zu lesen. Denn wie kann ich den Willen Gottes praktizieren, wenn ich Gott keine Chance gebe, mir seine Wünsche mitzuteilen? Das Hören auf Gott gehört an die erste Stelle!

Werner Schneider

So spricht der HERR der Heerscharen: [...] Zu wem soll ich noch reden und wen warnen, dass sie hören? Siehe, ihr Ohr ist unbeschnitten, und sie können nicht Achtgeben. Siehe, das Wort des HERRN ist ihnen zum Hohn geworden, sie haben keinen Gefallen daran.

Jeremia 6,9-10

Da sprach der König zu den Dienern: Bindet ihm Füsse und Hände, und werft ihn hinaus in die äussere Finsternis; da wird das Weinen und das Zähneknirschen sein. Denn viele sind Berufene, wenige aber Auserwählte.

Matthäus 22,13-14

Dass aber „viele berufen und wenige auserwählt" sind, hat nicht diese Meinung, als wolle Gott nicht jedermann selig machen, sondern die Ursache ist, dass sie Gottes Wort entweder gar nicht hören, sondern mutwillig verachten, die Ohren und ihr Herz verstocken und also dem Heiligen Geist den ordentlichen Weg verstellen, dass er sein Werk in ihnen nicht haben kann, oder nachdem sie es gehört haben, es wieder in den Wind schlagen und nicht achten, woran nicht Gott oder seine Wahl, sondern ihre Bosheit schuld ist.

Martin Luther

Gott offenbart sich durch sein Wort in der Heiligen Schrift. Weil sich Gott selbst enthüllt hat, dürfen wir Menschen nun wissen: Gott existiert, Gott lebt! Hätte sich Gott nicht offenbart, könnten wir Menschen nicht sagen: Gott existiert. Dann könnten wir Menschen wohl vermuten, dass es einen Gott gibt. Aber wir könnten nicht wissen, wer Gott ist und ob er überhaupt existiert.

Gerhard Bergmann

Das Wort Gottes ist zwar von Menschen geschrieben, aber nicht von Menschen erdacht.

Manfred Hausmann

Wenn man das Judentum der Propheten und das Christentum, wie es Jesus Christus gelehrt hat, von allen Zutaten der Späteren, insbesondere der Priester auslöst, so bleibt eine Lehre übrig, die die Menschheit von allen sozialen Krankheiten zu heilen imstande wäre.

Albert Einstein

Grundlage für unser Leben mit Gott ist immer zuerst die generelle Offenbarung, die der Bibel zu entnehmen ist; erst danach können wir uns nach persönlicher Offenbarung ausstrecken.

Derek Prince

Die Wahrheit in der Schrift wird uns niemals selig machen, bis sie die Wahrheit in unserem Herzen wird.

Charles H. Spurgeon

Die Bibel ist ein Licht, uns in dunklen Stunden zu leuchten, ein Fels, uns zu tragen, Brot, uns zu stärken, Schwert, uns zu schützen.

D. H. Dolman

Das Wort ist das Licht der Welt. Das Wort leitet in alle Wahrheit, erschliesst alle Geheimnisse, veranschaulicht das Unsichtbare, vergegenwärtigt das Vergangene und Entfernte, verendlicht das Unendliche, verewigt das Zeitliche.

Ludwig Feuerbach

Nimm und lies!

Augustinus

Es ist unmöglich, die Welt ohne Gott und die Bibel zu regieren.

George Washington

Es gibt zwei bedeutende Bücher, das Buch der Natur und das Buch der Über-Natur, die Bibel.

Galileo Galilei

Die Bibel muss vom Lesebuch zum Lebensbuch werden.

Peter Hahne

Jesus sprach: Wahrlich, ich sage euch: Da ist niemand, der Haus oder Brüder oder Schwestern oder Mutter oder Vater oder Kinder oder Äcker verlassen hat um meinetwillen und um des Evangeliums willen, der nicht hundertfach empfängt, jetzt in dieser Zeit Häuser und Brüder und Schwestern und Mütter und Kinder und Äcker unter Verfolgungen und in dem kommenden Zeitalter ewiges Leben. Aber viele Erste werden Letzte und Letzte Erste sein.

Markus 10,29-31

Der wahre Schatz der Kirche ist das allerheiligste Evangelium der Herrlichkeit und Gnade Gottes. Dieser Schatz ist aber mit Recht allgemein verhasst; denn er macht aus den Ersten die Letzten.

Martin Luther

Im Anfang war das Wort, und das Wort war bei Gott, und das Wort war Gott. Dieses war im Anfang bei Gott. Alles wurde durch dasselbe und ohne dasselbe wurde auch nicht eines, das geworden ist.

Johannes 1,1-3

Im Anfang war das Wort und nicht das Geschwätz, und am Ende wird nicht die Propaganda sein, sondern wieder das Wort.

Gottfried Benn

Als das Wort Gottes erklang, da erschien dieses Wort in jeder Kreatur, und dieser Laut war das Leben in jedem Geschöpf.

Hildegard von Bingen

Die Menschen vergehen, das Wort besteht.

Ludwig Feuerbach

Das Brot ernährt dich nicht: Was dich im Brote speist, ist Gottes ewige Wort, ist Leben und ist Geist.

Angelus Silesius

Ich habe meine Predigt gesetzt aufs lebendige Wort; wer da will, möge mir folgen; wer nicht, der lasse es.

Martin Luther

Das Evangelium zu kennen und daran zu glauben, ist unendlich mehr als alles auf der Welt.

Zoran Andonov

Gott ist der Held eines Buches, das „Die Bibel" heisst.

Nelson Glueck

Die Heilige Schrift lesen heisst, von Christus Rat zu holen.

Franz von Assisi

Wenn wir die Bibel nicht studieren, laufen wir Gefahr, in die Irre geführt zu werden, und hätten es im Grunde auch verdient.

Derek Prince

Es ist wunderbar, wenn man feststellt, dass Gottes Wort niemals versagt und sich auch von menschlichen Plänen nicht beirren lässt.

Smith Wigglesworth

Zu wem das ewige Wort spricht, der wird viele Meinungen los.

Thomas von Kempen

Wenn die Bibel zur Umkehr ruft, spricht sie immer konkrete Lebensbereiche an, die der Umkehr bedürfen, letztlich aber meint sie immer jenes Umkehren zu Gott hin, durch den allein unser Leben gelingen kann.

Ernst-Peter Weldin

Denn das Wort Gottes ist lebendig und wirksam und schärfer als jedes zweischneidige Schwert und durchdringt bis zur Scheidung von Seele und Geist, sowohl der Gelenke als auch des Markes, und ein Richter der Gedanken und Gesinnung des Herzens; und kein Geschöpf ist vor ihm unsichtbar, sondern alles bloss und aufgedeckt vor den Augen dessen, mit dem wir es zu tun haben.

Hebräer 4,12

Wenn wir das Wort Gottes nur lesen, um getröstet zu werden, dann werden wir nur sehr wenig von Gott geschenkt bekommen. Wir sollten diese Selbstsucht ablegen und das Wort Gottes als Schwert gegen unsere fleischlichen Gelüste verwenden.

Robert Cleaver Chapman

Bibelleser sind Führungskräfte – sie wissen, wo es langgeht.
Peter Hahne

Wenn Sie über die Aussagen der Bibel noch nie gestaunt haben, haben Sie sie noch nie richtig gelesen, denn sie ist wirklich ein erstaunliches Buch. Und wenn Sie noch nie schockiert waren, haben Sie die Bibel noch nie richtig gelesen, denn sie ist ein schockierendes Buch.
Derek Prince

Wer das Wort Gottes nicht wie Edelsteine sammelt, um es in seinen Besitz zu kriegen und zu verstehen, der kann jahrelang unter Gottes Wort und der Predigt sitzen und die Herrlichkeit Gottes muss an ihm vorüberziehen. Wir sollen ein Herz haben, das sich müht zu verstehen.
Ingolf Ellssel

Wir müssen Gottes Worten mehr zutrauen als unseren eigenen Gedanken.
Waldemar Brenner

Das Wort Gottes bewahren heisst vor allem, es in die Tat umzusetzen.
Maurice Blondel

Lebe das, was du vom Evangelium verstanden hast. Und wenn es noch so schwierig ist, aber lebe es!
Roger Schutz

Wir sollen die Bibel erforschen, um Gott besser kennenzulernen.
Erik Miller

Der, der in die Politik die Prinzipien des Urchristentums einführt, wird das Gesicht der Erde verändern.
Benjamin Franklin

Bevor Gott sein Wort gegeben hat, war er ja frei, zu tun und zu lassen, wie er dachte und wollte. Aber als er begonnen hatte sich festzulegen durch sein Wort, hat er sich mit Bedacht festgelegt. Er hat sich vorgenommen zu seinem Wort zu stehen. Er ist jetzt gebunden und zwar all denen gegenüber, die sich ebenfalls zu seinem Wort stellen.

Ingolf Ellssel

Und der Herr sprach zu mir: [...] ich werde über meinem Wort wachen, es auszuführen.

Jeremia 1,12

Gott wacht über seinem Wort, um es auszuführen, um seine Macht und Herrlichkeit zu erweisen an denen, die an ihn glauben.

Ingolf Ellssel

Nehmen wir das ernst, was Gott in seinem Wort sagt, nehmen wir seine Bedingungen auch ernst, dann werden wir auch seine Verheissung erwerben. Und das ist wunderbar. Gottes Wort ändert sich nicht und Gott ändert sich auch nicht. Alle Verheissungen gelten uns noch heute, auch die Verheissung des ewigen Lebens.

Erik Miller

GOTT

Im Todesjahr des Königs Usija, da sah ich den Herrn sitzen auf hohem und erhabenem Thron, und die Säume seines Gewandes füllten den Tempel. Seraphim standen über ihm. Jeder von ihnen hatte sechs Flügel: mit zweien bedeckte er sein Gesicht, mit zweien bedeckte er seine Füsse, und mit zweien flog er. Und einer rief dem andern zu und sprach: Heilig, heilig, heilig ist der Herr der Heerscharen! Die ganze Erde ist erfüllt mit seiner Herrlichkeit! Da erbebten die Türpfosten in den Schwellen von der Stimme des Rufenden, und das Haus wurde mit Rauch erfüllt.

Jesaja 6,1-4

Gott ist das heiligste Wesen und will nur das, was gut ist, und verlangt, dass wir die Tugend ihres inneren Wertes wegen ausüben sollen und nicht deswegen, weil er es verlangt.

Immanuel Kant

Es ist nicht alles relativ, sondern es gibt etwas Absolutes: Gott – den Schöpfer und Richter!

Léon Bloy

Nicht Gott ist relativ und nicht das Sein, sondern unser Denken.

Albert Einstein

Der Sonne herrlich Licht, des Äthers freier Raum, dort wohnt das Ewige, das Wahre.

Johann Wolfgang v. Goethe

Gott ist ewig, ohne Zweifel. Kann aber mein Geist die Idee der Ewigkeit fassen?

Jean-Jacques Rousseau

Ich selbst bin Ewigkeit, wenn ich die Zeit verlasse und mich in Gott und Gott in mich zusammenfasse.

Angelus Silesius

Wer Gott sucht, der findet Freude!

Augustinus

Alles kann Gott, nur eines nicht: die enttäuschen, die ihm vertrauen.

Ernst Modersohn

Gott ist treu, durch den ihr berufen worden seid in die Gemeinschaft seines Sohnes Jesus Christus, unseres Herrn.

1. Korinther 1,9

Nicht alle unsere Wünsche, aber alle seine Verheissungen erfüllt Gott.

Dietrich Bonhoeffer

Das höchste Gut des Geistes ist die Erkenntnis Gottes, und die höchste Tugend des Geistes ist, Gott zu erkennen.

Baruch de Spinoza

Seelen, die ganz in Gott zu leben versuchen, erfahren die göttliche Gegenwart auch in den kleinsten Dingen des Alltags.

Adrienne von Speyr

Das höchste Streben und Verlangen eines Dinges, das ihm zuerst von der Natur eingeprägt, ist die Heimkehr zu seinem Ursprung, und weil Gott der Ursprung ist unserer Seelen, so verlangt sie vornehmlich heimzukehren zu ihm.

Dante Alighieri

Unsere Sehnsucht, ganz erkannt, ganz verstanden und darin ganz geborgen zu sein, zielt über jeden menschlichen Partner hinaus. Sie zielt auf das Ewige, Allgegenwärtige.

Paul Althaus

Wie eine Hirschkuh lechzt nach Wasserbächen, so lechzt meine Seele nach dir, o Gott! Meine Seele dürstet nach Gott, nach dem lebendigen Gott: Wann werde ich kommen und erscheinen vor Gottes Angesicht?

Psalm 42,2-3

Du hast uns auf dich hin geschaffen, und unruhig ist mein Herz, bis es Ruhe findet in dir.

Augustinus

Der Mensch ist für Gott und nicht für sich selbst geboren.

Johannes Calvin

Man kann „glauben, dass Gott ist" und in seinem Rücken leben; wer ihm vertraut, lebt in seinem Angesicht.

Martin Buber

Was hilft dieses, dass Gott Gott ist, wenn er dir nicht ein Gott ist?

Martin Luther

Das Haus der Gottlosen wird ausgetilgt, aber das Zelt der Aufrichtigen blüht auf.

Sprüche 14,11

Wenn ein Mensch mit Gott vereint ist, wie sollte er da nicht ewig leben? Wenn er von Gott getrennt ist, wie kann er da anders als welken und sterben?

C. S. Lewis

Wir sollten niemals sagen, Gott sei auf unserer Seite. Lieber sollten wir darum beten, dass wir auf Gottes Seite stehen.

Abraham Lincoln

Ich bin zu der Gewissheit gekommen, dass es einen Gott gibt, der Richter unserer Taten ist, dass unsere Seele unsterblich ist und dass es ein Jenseits gibt, wo das Gute belohnt und das Böse bestraft wird.

Heinrich Heine

Wahrer als unser Reden von Gott ist unser Denken über ihn, und wahrer als unser Denken ist sein Sein.

Augustinus

Ohne ein ganz persönliches Verhältnis zu Gott hat das Beten überhaupt eigentlich gar keinen Sinn.

Carl Hilty

Wer Gott aufgibt, der löscht die Sonne aus, um mit einer Laterne weiterzuwandeln.

Christian Morgenstern

Was bist du so aufgelöst, meine Seele, und stöhnst in mir? Harre auf Gott! – denn ich werde ihn noch preisen für das Heil seines Angesichts.

Psalm 42,6

Das Hinausfliessen der Seele in ihren Gott ist die wahre Ekstase, durch die die Seele die Grenzen ihrer natürlichen Existenzweise überschreitet und völlig mit ihrem Gott vermischt, aufgenommen und versenkt ist.

Franz von Sales

Und Gott sprach zu ihm: Dein Name ist Jakob, dein Name soll nicht mehr Jakob heissen, sondern Israel soll dein Name sein! So gab er ihm den Namen Israel. Und Gott sprach zu ihm: Ich bin Gott, der Allmächtige, sei fruchtbar und mehre dich; eine Nation und eine Schar von Nationen soll aus dir entstehen, und Könige sollen aus deinen Lenden hervorkommen!

1. Mose 35,10-11

Das israelitische Volk ist das beharrlichste Volk der Erde; es ist, es war, es wird sein, um den Namen Jehova durch alle Zeiten zu verherrlichen.

Johann Wolfgang v. Goethe

Wer ist ein Gott wie du, der Schuld vergibt und Vergehen verzeiht dem Überrest seines Erbteils! Nicht für immer behält er seinen Zorn, denn er hat Gefallen an Gnade. Er wird sich wieder über uns erbarmen, wird unsere Schuld niedertreten. Und du wirst alle ihre Sünden in die Tiefen des Meeres werfen.

Micha 7,18-19

Der Mensch fiel, aber Gott stieg herab. Erbärmlich ist der Mensch, aber voll Erbarmen kam Gott hernieder. Der Mensch fiel durch Stolz, Gott kam herab in Gnaden.

Thomas von Aquin

Suche nichts ausser ihn. Er genügt dir! Du magst habgierig sein, so viel du willst: Gott ist genug!

Augustinus

Wer Gott verleugnet, der beugt sich vor einem Ideal, sei es aus Holz, aus Gold oder auch nur ausgedacht.

Fjodor Dostojewski

Wo will der angebliche Freigeist seine Beweise hernehmen, dass es kein höchstes Wesen gebe?

Blaise Pascal

Gott, von dir sich abwenden heisst fallen. Zu dir sich hinwenden heisst aufstehen. In dir bleiben heisst sicheren Beistand haben.

Augustinus

Wir sind mit anderen nicht im Frieden, weil wir mit uns selbst nicht im Frieden sind, und wir sind mit uns selbst nicht im Frieden, weil wir mit Gott nicht im Frieden sind.

Thomas Merton

„Du sollst den Herrn, deinen Gott, lieben mit deinem ganzen Herzen und mit deiner ganzen Seele und mit deinem ganzen Verstand." Dies ist das erste und grösste Gebot. Das zweite aber ist ihm gleich: „Du sollst deinen Nächsten lieben wie dich selbst." An diesen zwei Geboten hängt das ganze Gesetz und die Propheten.

Matthäus 22,37-40

Berufung ist die Einladung, sich in Gott zu verlieben und diese Liebe unter Beweis zu stellen.

Mutter Teresa

Wir wissen aber, dass denen, die Gott lieben, alle Dinge zum Guten mitwirken.

Römer 8,28

Das Glück ist weder ausser uns noch in uns; es ist in Gott und sowohl ausser uns als auch in uns.

Blaise Pascal

Das aber ist rechte Furcht, wenn man fürchtet, dass man Gott verliere.

Meister Eckhart

Wir müssen geben, solange wir haben; denn auch wir haben einen grossmütigen Geber.

Birgitta von Schweden

Gott gibt und erinnert uns nicht dauernd daran; die Welt gibt und erinnert uns unaufhörlich.

Nigerianisches Sprichwort

Das Leben besteht in der Annäherung an Gott.

Leo Tolstoi

Denken ist die Wege Gottes beschreiten – durch Denken gelangt man zu Gott.

Bettina von Arnim

Das Gebet verbindet die Seele mit Gott.

Juliane von Norwich

Gebet ist das Bewusstsein einer tiefen Freundschaft mit Gott!

Roger Schutz

Der Herr ist nahe allen, die ihn anrufen, allen, die ihn ernstlich anrufen.

Psalm 145,18

Der einzige Zweck alles Lebens: Gott fassen lernen!

Bettina von Arnim

Es ist das Herz, das Gott spürt, und nicht die Vernunft. Das ist der Glaube: Gott spürbar im Herzen und nicht der Vernunft.

Blaise Pascal

Das Vollkommenste der Welt ist der Mensch. Das Vollkommenste der Menschen ist der Geist. Das Vollkommenste des Geistes ist die Liebe. Das Vollkommenste der Liebe ist Gott.

Franz von Sales

Geliebte, lasst uns einander lieben! Denn die Liebe ist aus Gott; und jeder, der liebt, ist aus Gott geboren und erkennt Gott. Wer nicht liebt, hat Gott nicht erkannt, denn Gott ist Liebe.

1. Johannes 4,7-8

Ich bin überzeugt, dass er es ist, nicht ich. Dass es sein Werk ist und nicht mein Werk. Ich stehe ihm nur zur Verfügung. Ohne ihn kann ich nichts tun. Aber selbst Gott könnte nichts für jemand tun, der keinen Raum für ihn gelassen hat. Man muss völlig leer sein, um ihn hineinzulassen, damit er tut, was er will ... Das ist das Schönste an Gott, nicht wahr? Dass er allmächtig ist und sich einem doch nicht aufdrängt.

Mutter Teresa

Wenn jemand wie Mutter Teresa, die so viel Elend gesehen hat, immer noch an Gott glaubt, will auch ich keinen Zweifel mehr haben.

Liv Ulmann

Ich glaube an Gott, nicht als Theorie, sondern als Tatsache, die realer ist als die Tatsache des Lebens.

Mahatma Gandhi

Du kannst dir gar nicht vorstellen, in welchem Mass du Gott interessierst; du interessierst ihn, als wärst du allein auf der Welt.

Julien Green

Ich habe dem Menschen die Herrlichkeit deiner Werke vor Augen geführt – jenen Teil ihres unendlichen Reichtums, den mein schwacher Geist zu begreifen vermochte.

Johannes Kepler

Es ist höchste Weisheit, an einen Gott zu glauben, der straft und belohnt.

Voltaire

Und sah einen grossen weissen Thron und den, der darauf sass, vor dessen Angesicht die Erde entfloh und der Himmel, und keine Stätte wurde für sie gefunden. Und ich sah die Toten, die Grossen und die Kleinen, vor dem Thron stehen, und Bücher wurden geöffnet; und ein anderes Buch wurde geöffnet, welches das des Lebens ist. Und die Toten wurden gerichtet nach dem, was in den Büchern geschrieben war, nach ihren Werken.

Offenbarung 20, 11-12

Der metaphysische Gott ist nur eine Idee, aber der Gott der Religion, der Schöpfer des Himmels und der Erde, der höchste Richter der Taten und Gedanken, ist eine Gewalt.

Joseph Joubert

Warte nicht auf das Jüngste Gericht! Du stehst jeden Tag vor deinem Richter.

Albert Camus

Der Zorn Gottes währt nur einen Augenblick, die göttliche Barmherzigkeit ist ewig.

Joseph Joubert

Die ganze Welt lästert Gott. Nur von der kleinen Zahl der Seinen, und das sind die Ärmsten, wird er verehrt.

Martin Luther

Gott ähneln, aber dem gekreuzigten Gott.

Simone Weil

Das Ziel des geistlichen Lebens ist nicht die moralische Vollkommenheit, sondern die Begegnung mit Gott. Nicht die Arbeit an mir ist das Wichtigste, sondern die Begegnung mit Gott, die mich verwandelt und heilt.

Anselm Grün

In welcher Richtung wir immer unsere Nachforschungen anstellen, überall entdecken wir die klarsten Beweise einer schöpferischen Intelligenz, ihrer Vorsehung, Weisheit und Macht.

Charles Lyell

Was Gott an und für sich ist, wissen wir so wenig, als ein Käfer weiss, was ein Mensch ist.

Ulrich Zwingli

Brauchst du dir Gott erst zu beweisen? Zündet man denn eine Fackel an, um die Sonne zu sehen?

Östliche Weisheit

Die Gemeinschaft Gottes mit den Menschen ist eine Wirklichkeit, die sich nicht beweisen, aber erfahren lässt.

Christian Friedrich Hebbel

Die vornehmste Kraft des Menschen ist die Vernunft. Das höchste Ziel der Vernunft ist die Erkenntnis Gottes.

Albert der Grosse

Die Beziehung zwischen Gott und einem Menschen ist privater und intimer als jede mögliche Beziehung zwischen zwei Mitgeschöpfen.

C. S. Lewis

Je mehr ich mich anstrenge, sein unendliches Wesen zu durchschauen, desto weniger begreife ich es. Er ist, aber das ist mir genug. Je weniger ich ihn begreife, umso mehr bete ich ihn an.

Jean-Jacques Rousseau

Falls der Mensch Gott nicht erkennt und nicht begreift, so hat er noch kein Recht, daraus zu schliessen, es gäbe keinen Gott. Die gesetzmässige Folgerung daraus ist nur die, dass er noch nicht fähig ist, Gott zu erkennen und zu begreifen. Es gibt nur für den keinen Gott, der ihn nicht sucht. Suche ihn, und er wird sich dir offenbaren.

Leo Tolstoi

Und sucht ihr mich, so werdet ihr mich finden, ja, fragt ihr mit eurem ganzen Herzen nach mir, so werde ich mich von euch finden lassen, spricht der Herr.

Jeremia 29,13-14

Man muss an Gott glauben, und wenn man den Glauben nicht hat, dann soll man an seine Stelle keinen Sensationsrummel setzen, sondern suchen, suchen, einsam suchen, allein mit sich und seinem Gewissen.

Anton P. Tschechow

Gott ist für mich schon deshalb unentbehrlich, weil er das einzige Wesen ist, das man ewig lieben kann.

Fjodor Dostojewski

Man muss ein reines Herz besitzen. Ein reines Herz kann Gott sehen.

Mutter Teresa

Die so genannte Gotteskrise ist eine Krise des Menschen. Nicht Gott ist in der Krise, sondern vielmehr der Mensch, der mit seiner Jagd nach Glück und Besitz, aber auch mit der Verweigerung der Anbetung Gottes immer mehr in Probleme kommt.

Georg Eder

Die Furcht des Herrn ist der Weisheit Anfang.

Psalm 111,10

Gottesfurcht ist Arznei, Gottesliebe Gesundheit.

Augustinus

Die Frage, ob ein Schöpfer und Regierer des Weltalls existiert, ist von den grössten Geistern, welche gelebt, bejahend beantwortet worden.

Charles Darwin

Gott bittet uns, ihn zu lieben, nicht weil er unsere Liebe zu ihm braucht, sondern weil wir unsere Liebe zu ihm brauchen.

Franz Werfel

Es gibt drei Arten von Menschen auf der Welt: diejenigen, die Gott gesucht und ihn gefunden haben und ihm nun dienen, diejenigen, die ihn suchen, aber ihn noch nicht gefunden haben, und diejenigen, die ihn weder suchen noch finden. Die Ersten sind vernünftig und glücklich, die Zweiten vernünftig und unglücklich, die Dritten unvernünftig und unglücklich.

Blaise Pascal

Die wahre Gottesverehrung besteht darin, dass man nach Gottes Willen handelt.

Immanuel Kant

Der Gott, den ich anbete, ist nicht ein Gott der Finsternis; er hat mir den Verstand nicht gegeben, um mir den Gebrauch desselben zu untersagen. Von mir verlangen, meine Vernunft gefangen zu geben, heisst ihren Schöpfer beleidigen.

Jean-Jacques Rousseau

Nicht ist für uns notwendig ausser Gott. Gott finden wir nur, wenn wir unser Herz und unseren Geist allein in Gott bergen.

Angela v. Foligno

Niemand kann dich suchen, der dich nicht schon gefunden hat. Du lässt dich finden, um gesucht zu werden.

Augustinus

Ich möchte lieber alles verlieren und dich finden, Gott, als alles gewinnen und dich nicht finden.

Augustinus

Zwei Flügel erheben den Menschen über das Irdische: Einfalt und Lauterkeit. Die Einfalt sucht Gott, die Lauterkeit findet ihn.

Thomas von Kempen

Gott ist Geist, und die ihn anbeten, müssen in Geist und Wahrheit anbeten.

Johannes 4,24

Nun merket, wie die Seele zu ihrer höchsten Vollendung kommen kann: Wenn Gott in die Seele getragen wird, dann entspringt in der Seele ein göttlicher Liebesquell, der treibt die Seele wieder in Gott zurück, sodass der Mensch nichts mehr wirken mag als geistliche Dinge.

Meister Eckhart

Ohne Gott jedoch zu leben, ist nur eine Qual.

Fjodor Dostojewski

Sage zu ihnen: So wahr ich lebe, spricht der Herr, Herr: Wenn ich Gefallen habe am Tod des Gottlosen! Wenn nicht vielmehr daran, dass der Gottlose von seinem Weg umkehrt und lebt! Kehrt um, kehrt um von euren bösen Wegen!

Hesekiel 33,11

Was wäre ich denn ohne Gott?

Fjodor Dostojewski

Auf Gott vertraue ich, ich werde mich nicht fürchten; was kann ein Mensch mir tun?

Psalm 56,12

Darin besteht in Wahrheit das Gottschauen, dass derjenige, der zu Gott aufschaut, nie von seinem Verlangen lässt.

Gregor von Nyssa

Wir wollen Gott kennen, ohne seine Gesetze zu kennen. Gegeben aber ist uns nur, die Gesetze zu kennen; die Schlussfolgerung auf Gott, auf seine Existenz ziehen wir nur, weil es die Gesetze gibt und also auch ein Gesetzgeber existieren muss.

Leo Tolstoi

Die Furcht von Gott ist für uns so notwendig, um uns im Guten zu erhalten, wie die Furcht vor dem Tode, um uns im Leben zu erhalten.

Joseph Joubert

Nachdem ich erkannt hatte, dass es einen Gott gibt, war es für mich unmöglich, nicht für ihn allein zu leben.

Charles de Foucauld

Nur auf Gott vertraue still meine Seele, denn von ihm kommt meine Hoffnung!

Psalm 62,6

Alles, was nicht Gott ist, kann meine Hoffnung nicht erfüllen.

Blaise Pascal

Halte dich an Gott. Mache es wie der Vogel, der nicht aufhört zu singen, auch wenn der Ast bricht. Denn er weiss, dass er Flügel hat.

Johannes Bosco

Die Himmel erzählen die Herrlichkeit Gottes, und das Himmelsgewölbe verkündet seiner Hände Werk.

Psalm 19,2

Gott ist überall im Weltall sichtbar, und jene Augen, die ihn nicht wahrnehmen, sind wahrlich blind oder schwach.

Napoleon

O denket, dass ein Gott im Himmel ist, dem ihr müsst Rede stehn für eure Taten.

Friedrich Schiller

Gott breitet am Kreuz seine Hände aus, um die äussersten Enden des Universums zu umarmen. So wurde der Berg Golgatha zum Angelpunkt der Welt.

Cyrill von Jerusalem

Über viele Dinge kann ich nur mit Gott reden.

Johann Wolfgang v. Goethe

Mit Gott oder ohne Gott leben, das ist die eigentliche und grösste Lebensfrage.

Carl Hilty

Um Gott zu erkennen, muss man ihn lieben; um die Menschen zu lieben, muss man sie kennen.

Augustinus

Im Herzen eines jeden Menschen befindet sich ein von Gott geschaffenes Vakuum, das durch nichts Erschaffenes erfüllt werden kann als allein durch Gott, den Schöpfer, so wie er sich in Christus offenbart.

Blaise Pascal

Ein Leben, mag es auch voller Ruhm sein, ist leer, wenn es nicht von Gott erfüllt ist.

Georges Bernanos

Gott ist raffiniert, aber boshaft ist er nicht.

Albert Einstein

Ich könnte mir vorstellen, dass ein Mensch auf die Erde hinabblickt und behauptet, es gebe keinen Gott. Aber es will mir nicht in den Sinn, dass einer zum Himmel aufschaut und Gott leugnet.
Abraham Lincoln

Denn Gott ist Licht, und nirgends denn in unnahbarem Licht wohnt er seit Ewigkeit.
John Milton

Gott macht keine Fehler, und man kann ihn nicht immer verstehen, aber ihm vertrauen.
Unbekannter Verfasser

Gott und ich, wir zusammen sind immer die Mehrheit!
Theresa von Avila

Gottes Absicht ist es nicht, dass wunderschöne Beschreibungen seiner Liebe in der Bibel zu lesen sind, sondern dass die Menschen seine Liebe erleben.
R.-D. Haering

Seid immer um das besorgt, was der Herr von euch sagen wird, nicht um das, was die Menschen Gutes oder Schlechtes von euch sagen werden!
Johannes Bosco

Es geht kein Mensch über die Erde, den Gott nicht liebt.
Friedrich v. Bodelschwingh

Gott hat den Menschen nicht zum Elend und zur Qual geschaffen, sondern zur Freude, aber zu einer Freude, die aus christlicher Gesinnung und Tugend quillt.
Romuald

Kein einziger Mensch ist bloss ein verlorenes Teilchen im Weltall. Jeder einzelne Mensch ist von Gott, unserem Vater geliebt und ihm mit Namen bekannt.

Leonardo Boff

Gott erschuf den Menschen, um jemanden zu haben, dem er seine Liebe erweisen könne.

Irenäus von Lyon

Warum ich mich zu Gott bekenne? Weil es für mich keine andere Möglichkeit gibt, die Wunder in meinem Leben zu erklären.

Johnny Cash

Das ist die ganze grosse Wissenschaft, zu wissen, dass der Mensch aus sich nichts ist, sondern dass er das, was er ist, von Gott ist und für Gott.

Augustinus

Gott war unbegreiflich, unnahbar, unsichtbar und unvorstellbar. Er ist Mensch geworden, uns nahe gekommen in einer Krippe, damit wir ihn sehen und begreifen können.

Bernhard von Clairvaux

Mögen alle Völker und Nationen zur Erkenntnis der Liebe Gottes gelangen.

Arnold Janssen

Dies ist gut und angenehm vor unserem Heiland-Gott, welcher will, dass alle Menschen errettet werden und zur Erkenntnis der Wahrheit kommen. Denn einer ist Gott, und einer ist Mittler zwischen Gott und Menschen, der Mensch Christus Jesus, der sich selbst als Lösegeld für alle gab, als das Zeugnis zur rechten Zeit.

1. Timotheus 2,3-6

Ich habe immer gewusst, dass Gott der Herr der Geschichte ist, und dass man sich auf ihn verlassen muss!

Helmut Schmidt

Die Menschen sind dumm. Um ihr Leben zu erleichtern, brauchten sie Gott. Aber sie lehnen ihn ab und machen sich lustig über die, die ihn bekennen.

Maxim Gorkij

Es ist eines der tiefsten Worte: Bei Gott ist kein Ding unmöglich. Gott ist die Möglichkeit aller Möglichkeiten.

Christian Morgenstern

Je mehr die Menschen an die Sterne glauben, desto weniger glauben sie an das, was über den Sternen ist.

Albert Einstein

Wenn du nicht mehr an den Gott glaubst, an den du früher glaubtest, so rührt es daher, dass in deinem Glauben etwas verkehrt war, und du musst dich bemühen, besser zu begreifen, was du Gott nennst. Wenn ein Wilder an seinen hölzernen Gott zu glauben aufhört, so heisst das nicht, dass es keinen Gott gibt, sondern nur, dass er nicht aus Holz ist.

Leo Tolstoi

Der Tor spricht in seinem Herzen: „Es ist kein Gott!"

Psalm 14,1

Das grosse Problem unserer Zeit ist nicht die Atombombe, sondern die Gottesferne. Wenn wir dieses Problem lösen, lösen wir auch die anderen Probleme.

Ernst Albrecht

Allen Menschen ist der Glaube an Gott ins Herz gesät. Es lügen jene, die da sagen, dass sie nicht an die Existenz Gottes glauben; denn in der Nacht und wenn sie allein sind, zweifeln sie.

Lucius Annaeus

Niemand leugnet Gott, wenn er kein Interesse daran hat, dass es ihn nicht gibt.

Augustinus

Die Sonne ist nicht verschwunden, weil der Blinde sie nicht sehen kann.

Brigitta von Schweden

Ohne Gottheit gibt es für den Menschen weder Zweck, noch Hoffnung, nur eine zitternde Zukunft, ein ewiges Bangen vor jeder Dunkelheit.

Jean Paul

Die moderne Physik führt uns notwendig zu Gott hin, nicht von ihm fort. Keiner der Erfinder des Atheismus war Naturwissenschaftler. Alle waren sie sehr mittelmässige Philosophen.

Arthur Stanley Eddington

Der Atheismus ist ein grausames und langwieriges Unterfangen. Ich glaube, ihn bis zum Ende betrieben zu haben.

Jean-Paul Sartre

Atheismus ist Selbstmord der Seele.

Petit-Senn

Wenn etwas wirklich überwältigend ist, dann ist es der Anblick der Erde von hier oben. Das ist aufregend für mich und eine starke emotionale Erfahrung. Von hier auf die Schöpfung zu schauen und nicht an Gott zu glauben, ist für mich unmöglich. Wenn etwas Ehrfurcht gebietet, dann das. Ich bete jeden Tag, und die Welt sollte es mir nachtun.

John Glenn

Eines Tages werden wir die göttliche Liebe entdecken. Dann werden wir zum zweiten Mal in der Geschichte dieser Welt das Feuer entdeckt haben.

Teilhard de Chardin

Herr, du hast mich erforscht und erkannt. Du kennst mein Sitzen und mein Aufstehen, du verstehst mein Trachten von fern. Mein Wandeln und mein Liegen – du prüfst es. Mit allen meinen Wegen bist du vertraut. Denn das Wort ist noch nicht auf meiner Zunge – siehe, Herr, du weisst es genau. Von hinten und von vorn hast du mich umschlossen, du hast deine Hand auf mich gelegt.

Psalm 139,1-5

Gott ist uns näher, als wir uns selber sind.

Augustinus

Mein höchster Wunsch ist, den Gott, den ich im Äussern überall finde, auch innerlich, innerhalb meiner gleichermassen gewahr zu werden.

Kepler

Wir können Gott mit dem Verstande suchen, aber finden können wir ihn nur mit dem Herzen.

Josef von Eötvös

Wenn ich anschaue deinen Himmel, deiner Finger Werk, den Mond und die Sterne, die du bereitet hast: Was ist der Mensch, dass du sein gedenkst, und des Menschen Sohn, dass du dich um ihn kümmerst?

Psalm 8,4-5

Wer sollte nicht durch die Beobachtung und den sinnenden Umgang mit der von der göttlichen Weisheit geleiteten herrlichen Ordnung des Weltgebäudes zur Bewunderung des allwirkenden Baumeisters geführt werden!

Nikolaus Kopernikus

Die Natur hat Vollkommenheit, um zu zeigen, dass sie das Abbild Gottes ist, und Mängel, um zu zeigen, dass sie nur das Abbild ist.
Blaise Pascal

Die Grösse und unendliche Weisheit des Schöpfers wird nur derjenige erkennen, der sich bestrebt, aus dem gewaltigen Buche der Schöpfung, das wir Natur nennen, seine Gedanken herauszulesen.
Justus von Liebig

Wie die Mutter sich freut, wenn sie das erste Lächeln ihres Kindes bemerkt, so freut sich Gott jedes Mal, wenn er vom Himmel sieht, dass ein Sünder sich vor ihm aus vollem Herzen zum Gebet beugt.
Fjodor Dostojewski

Sei mir gnädig, o Gott, nach deiner Gnade; tilge meine Vergehen nach der Grösse deiner Barmherzigkeit! Wasche mich völlig von meiner Schuld, und reinige mich von meiner Sünde! Denn ich erkenne meine Vergehen, und meine Sünde ist stets vor mir.
Psalm 51,3-5

Eine Regierung ohne Gott ist im besten Falle eine einigermassen gut organisierte Räuberbande.
Augustinus

Da sprach Gott zu Mose: „Ich bin, der ich bin."
2. Mose 3,14

Wir wollen keinen Gott, wie wir ihn uns von der Erde her vorstellen können. Wir wollen keinen Menschen-Gott, keinen Ding-Gott, keinen Welt-Gott. Wir wollen ihn, den Lebendigen, der gesagt hat: „Ich bin, der ich bin."
Romano Guardini

Wer Gott in einem äusserlichen Ritual sucht, findet das Ritual und verliert Gott.

Meister Eckhart

Ich weiss, dass mein Vater regiert. Das ist genug für alle Nöte.

Hudson Taylor

Such Rettung vor deiner Neigung, dich darum zu sorgen, wie du den anderen erscheinst. Sorge dich nur darum, wie du Gott erscheinst.

Sören Kierkegaard

Die Opfer Gottes sind ein zerbrochener Geist; ein zerbrochenes, zerschlagenes Herz wirst du, Gott, nicht verachten.

Psalm 51,19

Nur wenn die Menschen das Geheimnis des Gebetes, der Kraft und der Anbetung gelernt haben, kommt Gott zum Zuge.

Smith Wigglesworth

Der Schmerz vereint wieder mit Gott.

Dante Alighieri

Jeder Mensch, der in Wahrheit an Gott sich hält und einen lebendigen Umgang mit ihm pflegt, hat nur eine Aufgabe: allezeit froh zu sein!

Sören Kierkegaard

Im Anfang schuf Gott die Himmel und die Erde.

1. Mose 1,1

Dieses bewunderungswürdige System aus Sonne, Planeten und Kometen konnte nur aus dem Ratschluss und der Herrschaft eines intelligenten und allmächtigen Wesens hervorgehen.

Isaac Newton

Wer Gott in Christus nicht findet, der findet ihn nimmermehr; er suche ihn, wo er wolle.

Martin Luther

Es ist nicht auszudenken, was Gott aus den Bruchstücken unseres Lebens machen kann, wenn wir sie ihm ganz überlassen.

Blaise Pascal

Schuldgefühl ist der Massstab für unsere Entfernung von Gott. Diese ist umso grösser, je geringer das Schuldgefühl ist.

Ina Seidel

Gott nötig zu haben ist nichts, dessen man sich schämen müsste, sondern es ist die Vollkommenheit, und es ist am traurigsten, wenn etwa ein Mensch durchs Leben ginge, ohne zu entdecken, dass er Gott nötig hat.

Sören Kierkegaard

Dass es die Welt, dass es den Menschen, dass es die menschliche Person, dich und mich, gibt, hat göttlichen Sinn.

Martin Buber

Keiner ist zum Atheismus verurteilt. Im Gegenteil, seit Gott sich in Jesus Christus offenbart hat, ist nicht nur Gotteserkenntnis möglich, sondern seitdem beruht alle Gottesleugnung auf Ablehnung Jesu Christi oder mangelnder Kenntnis über Jesus Christus. Diese Ablehnung kann aber durchaus mit Trotz und einem bösen Willen zusammenhängen.

Gerhard Bergmann

Am Kreuz hat nicht irgendeiner gekonnt die Rolle des Gescheiterten gespielt – etwa als Vorbild für die vielen Märtyrer für Ideologien und Utopien! Nein: Der Mann am Kreuz war unverwechselbar Gott.

H. W. Beck

Am Anfang war es nicht der Mensch, sondern Gott, der dem Menschen die Frage stellte: "Wo bist du?" Mir missfällt die Arroganz des Menschen, der sich selbst immer das Recht anmasst, Gott in Frage zu stellen, ohne sich den Fragen Gottes an sich selbst stellen zu wollen.

Jan Willem van der Hoeven

Gott will mit uns eins sein, er will eine ewige Beziehung mit uns eingehen. Er will bei uns wohnen und uns nie mehr verlassen. Er will lieben und schenken, verwandeln und segnen. Aber das alles kann er nur, wenn er aufgenommen wird, wenn wir ihm vertrauen und ihn an uns handeln lassen!

Klaus Vollmer

Erforsche mich, Gott, und erkenne mein Herz. Prüfe mich und erkenne meine Gedanken! Und sieh, ob ein Weg der Mühsal bei mir ist, und leite mich auf dem ewigen Weg!

Psalm 139,32-24

Gott ist nicht bei der Macht, er ist allein bei der Wahrheit.

Fjodor Dostojewski

Das Erste, was Gott gesagt hat, ist, dass er mein Gott sein will. Das ist viel. Das ist alles. Damit kann ich leben.

Heinrich Giesen

Die wunderbare Einrichtung und Harmonie des Weltalls kann nur nach dem Plane eines allwissenden, allmächtigen Wesens zustande gekommen sein. Das ist und bleibt meine letzte und höchste Erkenntnis.

Isaac Newton

Alles, was Atem hat, lobt Jah! Halleluja!

Psalm 150,6

JESUS CHRISTUS

Jedoch unsere Leiden – er hat sie getragen, und unsere Schmerzen – er hat sie auf sich geladen. Wir aber, wir hielten ihn für bestraft, von Gott geschlagen und niedergebeugt. Doch er war durchbohrt um unserer Vergehen willen, zerschlagen um unserer Sünden willen. Die Strafe lag auf ihm zu unserm Frieden, und durch seine Striemen ist uns Heilung geworden.

Jesaja 53,4-5

Nichts Geschaffenes kann das Geschöpf mit Gott vereinen. Gott allein kann das Geschöpf mit Gott vereinen. Keiner kann uns zu Kindern Gottes machen, ausser dem, der der wahre wesensmässige Sohn Gottes ist.

Athanasius

Christus ist nicht in die Welt gekommen, dass wir ihn begriffen, sondern dass wir uns an ihn klammern, dass wir uns einfach von ihm hinreissen lassen in das ungeheure Geschehen der Auferstehung.

Dietrich Bonhoeffer

Jesus sprach zu ihnen: Ich bin das Brot des Lebens: Wer zu mir kommt, wird nicht hungern, und wer an mich glaubt, wird nie mehr dürsten.

Johannes 6,35

Wenn wir über Weisheit sprechen, sprechen wir über Christus. Wenn wir über die Tugend sprechen, sprechen wir über Christus. Wenn wir über Gerechtigkeit sprechen, sprechen wir über Christus.

Wenn wir über Friede sprechen, sprechen wir über Christus. Wenn wir über Wahrheit und Leben und Erlösung sprechen, sprechen wir über Christus.

Aurelius Ambrosius

Christus ist die Sprache der Ewigkeit, übersetzt in die Worte der Zeit.

Dietrich Bonhoeffer

Jesus redete nun wieder zu ihnen und sprach: Ich bin das Licht der Welt; wer mir nachfolgt, wird nicht in der Finsternis wandeln, sondern wird das Licht des Lebens haben.

Johannes 8,12

In der physischen Natur spiegeln sich einzelne Kräfte Gottes, aber im Menschen spiegelt sich Gott selbst. Nur ist dieser Spiegel verbogen und unrein, so dass das Bild verzerrt und nebelhaft erscheint. Der vollkommen reine Spiegel aber war Christus, und darum ist für die sinnlich gewordenen Menschen der sichtbare Christus so unentbehrlich und wichtig. In Christus sieht der Mensch, wozu er berufen ist und was er werden kann.

Matthias Claudius

Ich bin die Tür; wenn jemand durch mich hineingeht, so wird er errettet werden und wird ein- und ausgehen und Weide finden.

Johannes 10,9

Als Jesus in die Welt kam, wurde der Friede verkündigt. Als er diese Welt verliess, hat er uns den Frieden hinterlassen.

Francis Bacon

Ich glaube, es gibt niemanden, der lieblicher, tiefer, barmherziger und vollkommener wäre als Jesus. Mit eifersüchtiger Liebe sage ich mir, dass es nicht nur niemanden gibt wie ihn, sondern dass es auch niemals jemanden wie ihn geben könnte.

Fjodor Dostojewski

Ich wünsche vielen jungen Menschen den entscheidenden Treffer für ihr Leben – nämlich Jesus Christus zu begegnen.

Paolo Sergio

Ich bin gekommen, damit sie Leben haben und es in Überfluss haben. Ich bin der gute Hirte, der gute Hirte lässt sein Leben für die Schafe.

Johannes 10,11-12

Als Platon seinen imaginären gerechten Menschen beschrieb, auf dem die ganze Strafe der Schuld liegen sollte, der aber dennoch des höchsten Lohnes der Tugend würdig war, beschrieb er genau das Wesen Jesu Christi.

Jean-Jacques Rousseau

Jesus ist der vollkommenste aller Menschen, die bisher erschienen sind.

R. W. Emerson

Jesus führte das einzige vollkommene Leben der Frömmigkeit und der persönlichen Heiligkeit allein in Anbetracht der Tatsache, dass er Gott im Fleische war.

Bernard Ramm

Sündlose Vollkommenheit und vollkommene Sündlosigkeit ist das, was wir von einem Fleisch gewordenen Gott erwarten würden, und wir finden es in Jesus Christus. Die Hypothese stimmt mit den Fakten überein.

Bernard Ramm

Jesus Christus ist im edelsten und vollkommensten Sinne das verwirklichte Ideal der Menschheit.

Johann G. v. Herder

Jesus sprach zu ihr: Ich bin die Auferstehung und das Leben; wer an mich glaubt, wird leben, auch wenn er gestorben ist; und jeder, der da lebt und an mich glaubt, wird nicht sterben in Ewigkeit.

Johannes 11-25

Jesus war in einem Garten, nicht einem der Freuden wie der erste Adam, in dem er sich selbst und die ganze menschliche Rasse zerstörte, sondern einem des Schmerzes, in dem er die ganze menschliche Rasse rettete.

Blaise Pascal

Ich kenne die Menschen, und ich sage euch, dass Jesus Christus kein gewöhnlicher Mensch ist. Zwischen ihm und jeder anderen Person in der Welt gibt es überhaupt keinen Vergleich. Alexander, Caesar, Karl der Grosse und ich haben Reiche gegründet. Aber worauf beruhten die Schöpfungen unseres Genies? Auf Gewalt. Jesus Christus gründete sein Reich auf der Liebe; und zu dieser Stunde würden Millionen von Menschen für ihn sterben.

Napoleon

Jesus Christus ist die Erniedrigung der Gottheit und die Erhöhung der Menschheit.

Phillips Brooks

Wenn je das Göttliche auf Erden erschien, so war es in der Person Christi.

Johann Wolfgang v. Goethe

Jesus Christus als Gott-Mensch ist die grösste Persönlichkeit, die je gelebt hat, und darum ist sein persönlicher Einfluss der grösste unter allen Menschen, die je gelebt haben.

Bernard Ramm

Ich bin der Weg und die Wahrheit und das Leben. Niemand kommt zum Vater als nur durch mich.

Johannes 14,6

Systeme menschlicher Weisheit werden kommen und gehen, König- und Kaiserreiche aufsteigen und untergehen, aber für alle Zeiten wird Christus „der Weg, die Wahrheit und das Leben" bleiben.

Philip Schaff

Zum Kerygma der Gemeinde gehört, dass Jesus weltweite Relevanz besitzt. Wo und wann immer er verkündigt wird, werden Menschen mit seiner Konkretheit und seiner Menschlichkeit konfrontiert und in die Gegenwart Gottes gestellt.

R. G. Gruenler

„Jesus als grosser Sittenlehrer – ja; aber seinen Anspruch, Gott zu sein, kann ich nicht anerkennen." Gerade das können wir nicht sagen. Ein Mensch, der solche Dinge wie Jesus sagt, wäre kein grosser Morallehrer. Er wäre entweder ein Irrer – oder der Satan in Person. Wir müssen uns deshalb entscheiden: Entweder war dieser Mensch Gottes Sohn, oder er war ein Narr oder Schlimmeres. Man kann ihn als Geisteskranken einsperren, man kann ihn verachten oder als Dämon töten. Oder man kann ihm zu Füssen fallen und ihn Herr oder Gott nennen. Aber man kann ihn nicht mit gönnerhafter Herablassung als einen grossen Lehrer der Menschheit bezeichnen. Das war nie seine Absicht; die Möglichkeit hat er uns nicht offengelassen.

C. S. Lewis

Er spricht zu ihnen: Ihr aber, was sagt ihr, wer ich bin? Simon Petrus aber antwortet und sprach: Du bist der Christus, der Sohn des lebendigen Gottes.

Matthäus 16,15-16

Es scheint offensichtlich, dass er weder ein Verrückter noch ein Ungeheuer war; und deshalb muss ich, so merkwürdig oder erschreckend oder unwahrscheinlich es auch klingen mag, die Ansicht akzeptieren, dass er Gott war und ist. Gott ist in menschlicher Gestalt in diese feindbesetzte Welt gekommen.

C. S. Lewis

Ergreife den Menschen Jesus, und du wirst erfahren, dass er Gott ist.

Martin Luther

Jesus ist ein Gott, dem wir ohne Stolz begegnen und vor dem wir uns ohne Verzweiflung demütigen können.

Blaise Pascal

Nach dem Lesen der Lehren von Platon, Sokrates oder Aristoteles kommen wir zu dem Schluss, dass der spezifische Unterschied zwischen ihren und Christi Worten der Unterschied zwischen einer Frage und einer Offenbarung ist.

Joseph Parker

Alle Geschichte ist ohne Christus unverständlich.

Ernest Renan

Kann die Person, deren Geschichte die Evangelien wiedergeben, selbst Mensch sein? Welche Zartheit, welche Reinheit in seinem Verhalten! Welche Güte in seinen Unterweisungen! Welche Erhabenheit in seinen Lebensregeln! Welch geniale Gerechtigkeit in seinen Antworten! Ja, wenn das Leben und Sterben eines Sokrates das Leben und Sterben eines Philosophen waren, dann waren Leben und Sterben Jesu Christi das Leben und Sterben eines Gottes.

Jean-Jacques Rousseau

Jesus Christus ist die hervorragendste Persönlichkeit aller Zeiten. Kein anderer Lehrer – sei er jüdisch, christlich, buddhistisch, mohammedanisch – ist noch immer ein Lehrer, dessen Lehren solche Wegweiser für die Welt sind, in der wir leben. Andere Lehrer mögen etwas Grundsätzliches gesagt haben für einen Orientalen, einen Araber oder einen aus dem Abendland; aber jede Tat und jedes Wort Jesu hat Wert für uns alle. Er wurde das Licht der Welt. Warum sollte ich, ein Jude, nicht stolz darauf sein?

Sholem Ash

Ich bin der wahre Weinstock, und mein Vater ist der Weingärtner. Jede Rebe an mir, die nicht Frucht bringt, die nimmt er weg; und jede, die Frucht bringt, die reinigt er, dass sie mehr Frucht bringe.

Johannes 15,1

Keine Revolution, die je in der Gesellschaft stattgefunden hat, kann mit dem verglichen werden, was die Worte Jesu Christi hervorgerufen haben.

Mark Hopkins

Der Einfluss Jesu auf die Menschheit ist heute so stark wie damals, als er noch unter den Menschen wohnte.

M. J. Scott

Christus wacht mit grösserer Sorge über dich als du selbst.

Martin Luther

Am Kreuz seines Sohnes hat der zürnende Gott sein Nein zu unserer Sünde gesprochen. Als der gnädige Gott hat er am Ostermorgen diesem Nein sein Ja hinzugefügt. Das Ja zu einem Leben in der Kraft des Auferstandenen.

Theo Sorg

Meine Theologie wird immer einfacher. Sie besteht aus vier Worten: Jesus starb für mich.

Charles H. Spurgeon

Christus ist nicht nur wie Gott, sondern Gott ist auch wie Christus.

Martin Luther King

Wir verehren den Gott der Christen und beten ihn an. Wir sind überzeugt, dass da ein einziger Gott ist, der am Uranfang die sichtbare und die unsichtbare Welt geschaffen und gestaltet hat. Wir glauben an Jesus als den Kyrios (den Herrn); wir glauben, dass er von den Propheten im Voraus verkündet wurde als der kommende Bringer der Heilsbotschaft und als Lehrer der selig machenden Wahrheit.

Justin

Wer nicht mit mir ist, ist gegen mich, und wer nicht mit mir sammelt, zerstreut. Deshalb sage ich euch: Jede Sünde und Lästerung wird den Menschen vergeben werden; aber die Lästerung des Geistes wird nicht vergeben werden.

Matthäus 12,30-31

Doch siehe, viele rufen: Christus, Christus, die einst ihm ferner stehn beim Weltgericht als viele, die da nimmer kannten Christus.

Dante Alighieri

Nicht jeder, der zu mir sagt; Herr, Herr, wird in das Reich der Himmel hineinkommen, sondern wer den Willen meines Vaters tut, der in den Himmeln ist.

Matthäus 7,21

Die Worte Christi sind immer treffend. Sie haben Hände und Füsse. Sie gehen über alle Weisheit, Ratschläge und List der Weisen hinaus.

Martin Luther

Ein Schluck Wasser oder Bier vertreibt den Durst, ein Stück Brot den Hunger, Christus vertreibt den Tod.
Martin Luther

Wäre er nicht wahrer Gott, so brächte er keine Erlösung; wäre er nicht wahrer Mensch, so böte er kein Beispiel.
Leo I., der Grosse

Dieser Jesus von Nazareth besiegte ohne Geld und Waffen mehr Millionen Menschen als Alexander, Caesar, Mohammed und Napoleon; ohne Wissenschaft und Gelehrsamkeit warf er mehr Licht auf menschliche und göttliche Dinge als alle Philosophen und Gelehrten zusammen; ohne als Redner ausgebildet worden zu sein, sprach er Worte des Lebens, wie sie nie zuvor oder seither gesprochen wurden, und erzielte eine Wirkung wie kein anderer Redner oder Dichter. Ohne selber eine einzige Zeile zu schreiben, setzte er mehr Federn in Bewegung und lieferte Themen für mehr Predigten, Reden, Diskussionen, Lehrwerke, Kunstwerke und Lobgesänge als das gesamte Heer grosser Männer der Antike und Moderne.
Philip Schaff

Das Wesen der Existenz Christi ist geheimnisvoll, das muss ich zugeben. Aber dieses Geheimnis begegnet den Bedürfnissen des Menschen – verwirf es, und die Welt ist ein unlösbares Rätsel; glaube es, und die Geschichte unseres Geschlechtes ist zufriedenstellend erklärt.
Napoleon

Ich bete an die Macht der Liebe, die sich in Jesus offenbart.
Gerhard Tersteegen

Wenn je ein Mensch Gott war oder Gott Mensch, dann war Jesus beides.
Lord Byron

Wer nicht Jesus als seinen Anwalt annimmt, dem begegnet er als Richter.

Corrie ten Boom

Ich überführe und züchtige alle, die ich liebe. Sei nun eifrig und tu Busse! Siehe, ich stehe an der Tür und klopfe an; wenn jemand meine Stimme hört und die Tür öffnet, zu dem werde ich hineingehen und mit ihm essen, und er mit mir.

Offenbarung 4,19-20

Jesus ist gestorben, und das war die Verkündigung einer Wahrheit, der Wahrheit, dass man aus Liebe zu einem Nächsten sterben kann.

Max Horkheimer

Zu jener Zeit gab es einen weisen Mann, der Jesus genannt wurde. Und sein Auftreten war gut, und er war als tugendhaft bekannt. Und viele Leute von den Juden und anderen Nationen wurden seine Jünger. Pilatus verurteilte ihn zu Kreuzigung und zum Sterben. Und die seine Jünger wurden, legten seine Jüngerschaft nicht ab. Sie berichteten, dass er ihnen drei Tage nach der Kreuzigung erschienen sei und dass er lebe.

Flavius Josephus

Die evangelische Geschichte soll eine Erfindung sein? Mein Freund! So erfindet man nicht, und die Taten des Sokrates, die niemand bezweifelt, sind nicht so beglaubigt als die Taten Jesu.

Jean-Jacques Rousseau

Ich finde den Namen Jesu Christi auf jede Seite der modernen Geschichte geschrieben.

George Bancroft

Die Weisen und Helden der Geschichte weichen von uns, und die Geschichte kürzt den Bericht ihrer Taten auf eine immer schmaler werdende Seite. Aber die Zeit hat keine Macht über den Namen und die Taten und die Worte Jesu Christi.

William E. Channing

Jesus war das grösste religiöse Genie, das je gelebt hat. Seine Schönheit ist ewig, und seine Herrschaft wird nie enden. Jesus ist in jeder Hinsicht einzigartig, und nichts kann mit ihm verglichen werden.

Ernest Renan

Dass ein galiläischer Zimmermann so den Anspruch erhebt, das Licht der Welt zu sein und als solches auch nach so vielen Jahrhunderten noch anerkannt wird, erklärt sich am besten aufgrund seiner Gottheit.

Bernard Ramm

Da antwortete ihnen Jesus und sprach: Meine Lehre ist nicht mein, sondern dessen, der mich gesandt hat. Wenn jemand seinen Willen tun will, so wird er von der Lehre wissen, ob sie aus Gott ist oder ob ich aus mir selbst rede.

Johannes 7,16-17

Durch unser Keuschheitsgelübde sind wir mit Jesus verheiratet.

Mutter Teresa

Der Mensch hat seine Welt auf beachtliche Weise verändert, sich selbst hat er aber nicht ändern können. Da dieses Problem im Grunde ein geistliches ist und da der Mensch von Natur aus zum Bösen neigt (wie die Geschichte bezeugt), liegt die einzige Möglichkeit seiner Veränderung bei Gott. Nur wenn ein Mensch sich Christus unterstellt, kann er verändert werden. Allein in diesem Wunder der Umwandlung ruht die Hoffnung für die atomgeängstigte, radioaktivitätsgestörte Welt unserer Zeit und ihrer Bewohner.

George Schweitzer

Dies sagt der „Amen", der treue und wahrhaftige Zeuge, der Anfang der Schöpfung Gottes: Ich kenne deine Werke, dass du weder kalt noch heiss bist. Ach, dass du kalt oder heiss wärest! Also, weil du lau bist und weder heiss noch kalt, werde ich dich ausspeien aus meinem Munde.

Offenbarung 3,14-16

Die Freiheit und das Himmelreich gewinnen keine Halben.

Friedrich Schiller

Gott zu sehen, dies ist der höchste Wunsch, der höchste Triumph des Herzens. Christus ist dieser erfüllte Wunsch, dieser Triumph.

Ludwig Feuerbach

Halt dich nur an Christus. Ausser Christus gibt es keine Erkenntnis Gottes.

Martin Luther

Wer Christus hat, hat genug.

Martin Luther

Ich kenne die Menschen; und ich sage euch, Jesus Christus ist kein Mensch. Oberflächliche Gehirne sehen ein Ähnlichkeit zwischen Christus und den Gründern von Königreichen sowie den Göttern anderer Religionen. Diese Ähnlichkeit existiert nicht. Zwischen dem Christentum und jeder anderen Religion besteht ein Abstand der Unendlichkeit ... Alles an Christus erstaunt mich. Sein Geist beeindruckt mich zutiefst, sein Wille bringt mich aus der Fassung. Zwischen ihm und jedem anderen in der Welt gibt es überhaupt keinen Vergleich. Er ist wahrlich ein Wesen für sich. Seine Ideen und seine Gesinnung, die Wahrheit, die er verkündet, seine Überzeugungskraft lassen sich weder durch menschliche Organisation noch durch die Natur der Dinge erklären ... Je mehr ich mich nähere, je sorgfältiger ich untersuche: Alles steht über mir – alles bleibt erhaben, eine Erhabenheit, die überwältigt. Seine Religion ist die Offenbarung einer Intelligenz, die ganz gewiss keine menschliche ist ... Man kann absolut nirgendwo, ausser in ihm allein, die Imitation oder das Vorbild seines Lebens finden ... Ich suche vergebens in der Geschichte nach etwas Ähnlichem wie Jesus Christus oder nach etwas, das dem Evangelium nahekommt. Weder die Geschichte noch die Menschheit, weder die Zeitalter noch die Natur bieten mir etwas, womit ich es vergleichen oder erklären könnte. Hier ist alles aussergewöhnlich.

Napoleon

In Christus sind alle Schätze der Weisheit und Erkenntnis verborgen.

Kolosser 2,3

Je mehr du auf Jesus schaust, desto mehr wirst du ihm ähnlich.

Corrie ten Boom

Ich verehre nicht die Materie, sondern ich verehre den Schöpfer der Materie, der um meinetwillen Materie geworden ist, der in der Materie gewohnt hat und durch die Materie meine Erlösung bewirkt hat.

Johannes von Damaskus

Christus hat uns durch seinen Tod erlöst. Wir werden zu unseren Lebzeiten erlöst. Es liegt an uns, ob wir uns erlösen lassen wollen oder nicht.

Georges Bernanos

Kommt her zu mir, alle ihr Mühseligen und Beladenen! Und ich werde euch Ruhe geben. Nehmt auf euch mein Joch, und lernt von mir! Denn ich bin sanftmütig und von Herzen demütig, und ihr werdet Ruhe finden für eure Seelen; denn mein Joch ist sanft, und meine Last ist leicht.

Matthäus 11,28-30

Mit Jesu Christi Kommen in die Welt hat die Freude ihren Anfang genommen, die Freude der Gefangenen und Verlorenen, der Verstrickten und der Sünder, der Elenden und der Todverfallenen. Es ist die Freude darüber, dass sie nun Licht und Heil und Leben haben sollen. Es ist eine Freude miteinander, ein Miteinanderjauchzen derer, die der Erlösung entgegengehen dürfen.

Hans-Dietrich Wendland

Die Idee von der Freiheit und Würde des Menschen ist ohne Christus am Kreuz nicht denkbar. Freiheit und Menschenwürde sind eine Frucht der biblischen Botschaft.

Roman Herzog

Ich scheue mich nicht zu sagen, dass ich Jesus liebe, denn er ist mir alles. Heute sind die Menschen mehr denn je zuvor hungrig nach Jesus – und er ist die einzige Antwort, wenn wir wirklich Frieden wollen in dieser Welt. .

Mutter Teresa

Es ist wichtiger, dass Jesus seinen Fuss auf die Erde setzte als der Mensch seinen auf den Mond.

James Irwin

Er wurde, was wir sind, damit er aus uns machen könne, was er ist.

Athanasius der Grosse

Millionen verehren Christi Namen. Aber seine Lehren verstehen und befolgen nur wenige.

Paul Kroll

Christus ist der Morgenstern, der, wenn die Nacht dieser Welt vorbei ist, seinen Heiligen das Versprechen des Lichts des Lebens bringt und den immerwährenden Tag eröffnet.

Beda Venerabilis

Nicht nur Gott, sondern auch uns selbst lernen wir allein durch Jesus Christus kennen.

Blaise Pascal

Christus regiert, Christus überwindet, Christus triumphiert.

Karl der Grosse

Du, Christus, bist es, der jeden Morgen den Ring des verlorenen Sohnes, den Ring des Festes, an meinen Finger steckt.

Roger Schutz

Ich beuge mich vor Christus als der Offenbarung des höchsten Prinzips der Sittlichkeit.

Johann Wolfgang v. Goethe

Seit der Herr am Kreuz starb, gibt es keinen hoffnungslosen Fall mehr.

Robert Seitz

So stand am Kreuz neben lateinisch und griechisch in hebräisch: „Joschua Hanozri Wumelech Hajehudim" (Jesus der Nazarener und König der Juden). Formt man daraus das Akronym (wie in Latein INRI), so stand am Kreuz der unaussprechbare heiligste Privatname Gottes: JHWH, der allein vom Hohepriester im Allerheiligsten ausgesprochen werden durfte.

Ludwig Schneider

Darum ist der Erlöser der Sohn eines Menschen geworden, damit wir Söhne Gottes werden können.

Leo I., der Grosse

Entsage dem Eigentum und ergreife die herrlichen Heldenwaffen des Gehorsams zum Dienst für den Herrn Christus, den wahren König.

Benedikt von Nursia

Und Jesus trat zu ihnen und redete mit ihnen und sprach: Mir ist alle Macht gegeben im Himmel und auf Erden. Geht nun hin und macht alle Nationen zu Jüngern, und tauft sie auf den Namen des Vaters und des Sohnes und des Heiligen Geistes, und lehrt sie alles zu bewahren, was ich euch geboten habe! Und siehe, ich bin bei euch alle Tage bis zur Vollendung des Zeitalters.

Matthäus 28,18-20

Christus vereint in sich die erhabensten Prinzipien und die göttlichsten Praktiken auf eine Weise, die über die kühnsten Träume der Propheten und Weisen hinausgeht; er erhebt sich weit über alle Vorurteile seines Zeitalters, seiner Nation oder auch seiner Religion und gibt uns eine Lehre, so schön wie das Licht, so erhaben wie der Himmel und so wahr wie Gott. Achtzehn Jahrhunderte sind vergangen, seit die Sonne der Menschheit so hoch in Jesus aufstieg. Welcher Mensch, welche Religion hat seine Gedanken gemeistert, seine Methode begriffen und voll auf das Leben angewendet?

Theodore Parker

Die Geburt Jesu ist für uns Menschen der Tag, an dem das helle Licht des Lebens zu uns kam. Dieses bewusst zu erfassen ist wie der Aufgang der Sonne nach Beendigung einer langen Nacht. So wie die Sonne nun wieder das Licht für einen Tag spendet, so brachte uns Jesus das ewige Licht, das niemals mehr erlischt.

Aloys Grass

Der Geist des Herrn, HERRN, ist auf mir; denn der HERR hat mich gesalbt. Er hat mich gesandt, den Elenden frohe Botschaft zu bringen, zu verbinden, die gebrochenen Herzens sind, Freilassung auszurufen den Gefangenen und Öffnung des Kerkers den Gebundenen, auszurufen das Gnadenjahr des HERRN und den Tag der Rache für unsern Gott, zu trösten alle Trauernden …

Jesaja 61,1-2

Christus heilt, die geheilt werden wollen; und zwingt diejenigen nicht, die nicht geheilt werden wollen.

Aurelius Ambrosius

Erst als ich Jesus Christus kennenlernte und angenommen hatte, konnte ich ehrlich sagen, dass mein Leben erfüllt war. Wenn ihr fragt, was ich meine, dann kann ich nur antworten, das ist etwas, was jeder Erklärung trotzt, und doch ist es etwas sehr Reales.

Cliff Richard

Christus hat all unsere Sonnenuntergänge in Morgengrauen umgewandelt.

Clemens von Alexandrien

Je besser wir den Herrn Jesus kennenlernen, desto kostbarer wird er für unsere Seelen. Wäre Christus nicht unausforschlich, dann könnte er uns nie zufriedenstellen – er könnte weder unser Herz füllen, noch unserem Gewissen Frieden geben.

Robert Cleaver Chapman

Der Geburt nach bin ich Albanerin, der Staatsangehörigkeit nach Inderin; ich bin eine katholische Schwester. Durch meine Mission gehöre ich der ganzen Welt, aber mein Herz gehört nur Jesus.

Mutter Teresa

Durch das absolute Vertrauen auf den auferstandenen Jesus Christus erfüllt sich das Sehnen des menschlichen Herzens nach Geborgenheit und Frieden. Kein Religionsstifter vermag dieses letzte Sehnen zu stillen, was durch die mühevollen Heilsanstrengungen bewiesen wird.

Gerhard Bergmann

Echte Liebe hat ihre Quelle in Jesus Christus. Deshalb ist sie auch mutig, seine Wahrheit zu verteidigen, und will nicht Menschen gefallen, wenn seine Ehre auf dem Spiel steht.

Robert Cleaver Chapman

Unser erstes Studium aber soll das Leben Jesu Christi sein.

Thomas von Kempen

Als Christi Hände an das Kreuz genagelt wurden, nagelte er auch unsere Sünden an das Kreuz.

Bernhard von Clairvaux

Er sprach aber zu ihnen: Dies sind meine Worte, die ich zu euch redete, als ich noch bei euch war, dass alles erfüllt werden muss, was über mich geschrieben steht in dem Gesetz Moses und in den Propheten und Psalmen.

Lukas 24,43-44

Der Heilige Geist ist der wunderbare Tröster, der Ratgeber, der Helfer, der, der vom Vater und vom Sohn gesandt wurde, um in und auf dem Volk Gottes zu sein, als Jesus zum Himmel fuhr. Und die erste Aufgabe dieser herrlichen dritten Person der Dreieinigkeit ist, Jesus Christus zu offenbaren. Als Geist der Wahrheit offenbart er Jesus denen, die bereit sind, zu hören, zu sehen und ihm zu folgen.

Benny Hinn

Über Christus vermag man nur dann und in dem Mass richtig zu denken und zu lehren, als man nach seinem Evangelium zu leben begonnen hat.

Adolf v. Harnack

In der Person Jesu Christi ereignet sich der Schnittpunkt zweier Welten: der zeitlichen und der ewigen, der diesseitigen und der jenseitigen, der menschlichen und der göttlichen.

Gerhard Bergmann

Wird Christus tausendmal zu Bethlehem geboren, und nicht in dir, du bleibst verloren.

Angelus Silesius

Nach Hause kommen, das ist es, was das Kind von Bethlehem allen schenken will, die weinen, wachen und wandern auf dieser Erde.

Friedrich v. Bodelschwingh

Gott wird ein Mensch, damit die Menschen Gotteskinder werden können.

Edith Stein

Die wichtigste Botschaft für unseren Planeten ist, dass Christus gelebt hat und auferstanden ist.

Wernher von Braun

Und es ist in keinem anderen das Heil; denn auch kein anderer Name unter dem Himmel ist den Menschen gegeben, in dem wir gerettet werden müssen.

Apostelgeschichte 4,12

Wenn einer nichts von dem hohen Wesen Gottes wüsste und würde nur Christus kennen, so könnte er dadurch selig werden; denn Gottes Name ist in Jesus. In ihm wohnt alle Fülle.

Ludwig Graf v. Zinzendorf

Am Kreuz verwandelte sich die Finsternis in Licht, Tod zum Leben, Hass in Liebe, Ketten zerbrachen, aus Verzweiflung wurde Freude ...

Reinhard Bonnke

Jesus Christus ist der Mittelpunkt aller Dinge und der Grund zu allen Dingen. Wer ihn nicht kennt, kennt nichts von der Welt und nichts von sich selbst.

Blaise Pascal

Und das Wort wurde Fleisch und wohnte unter uns, und wir haben seine Herrlichkeit angeschaut, eine Herrlichkeit als eines Eingeborenen vom Vater, voller Gnade und Wahrheit.

Johannes 1,14

Christus hat eine erneuernde Kraft. Christus führt Menschen in echte Gemeinschaft.

Gerhard Bergmann

Die wichtigste Entdeckung meines gesamten Lebens war, als ich Jesus Christus erkannte.

James Simpson

Die Erkenntnis Jesu Christi schafft die Mitte, weil wir in ihm sowohl Gott als auch unser Elend finden.

Blaise Pascal

Da sprach Pilatus zu ihm: Also bist du doch ein König? Jesus antwortete: Du sagst es, dass ich ein König bin. Ich bin dazu geboren und dazu in die Welt gekommen, dass ich für die Wahrheit Zeugnis gebe. Jeder, der aus der Wahrheit ist, hört meine Stimme.

Johannes 18,37

Erlösung ist: Christus für uns; Heiligung ist: Christus in uns.

G. Stäbler

Wenn man unter dem Kreuz Jesu Christi ehrlich und echt zu Gott kommt, kann man in einer Minute mehr von Gott erfahren und wissen, als alle Wissenschaft dieser Welt je meinem Verstand beweisbar machen kann. Die Wissenschaft Gottes ist nicht widervernünftig, wohl aber übervernünftig.

Heinrich Kemner

Christus ist in jedem Augenblick ebenso sehr Gott wie Mensch – gleich wie der Himmel sich ebenso tief im Meer zeigt, wie er hoch darüber steht.

Sören Kierkegaard

Der Christus des Neuen Testaments wirft uns nicht einfach nur eine Schwimmweste zu, sondern er zieht uns persönlich aus den sittlich verunreinigten Wassern heraus, die in unsere Herzen und in unser Lebensumfeld hineingeströmt sind.

Erwin W. Lutzer

Christus besass die Autorität, geistliche Blindheit zu heilen und auf diese Weise das menschliche Herz zu verwandeln.

Erwin W. Lutzer

Jesus Christus ist gekommen, um die, die klar sahen, mit Blindheit zu schlagen und die Blinden sehend zu machen, um die Kranken zu heilen und die Gesunden sterben zu lassen, um die Sünder zur Busse zu rufen und um sie freizusprechen und um die Gerechten in ihren Sünden zu lassen, um die Unwürdigen zu sättigen und um die Reichen leer zu lassen.

Blaise Pascal

Ich finde, wir haben uns zu sehr daran gewöhnt, hübsche Kreuze an den Wänden zu sehen, und wir haben vergessen, was wirklich passiert ist. Wir wissen theoretisch, dass Jesus gelitten hat und starb, aber wir begreifen nicht wirklich, was das bedeutet.

Mel Gibson

Das Herz ist so klein und die Auferstehung so gross, dass das Herz sie nicht fassen kann. Hast du noch ein erschrockenes Herz, so ist er in deinem Herzen noch nicht auferstanden.

Martin Luther

Geweissagt wurde die Zeit des ersten Kommens, die Zeit des zweiten nicht; denn das erste Kommen musste verborgen sein und das zweite soll dermassen sichtbar und derart offenbar sein, dass ihn selbst seine Feinde erkennen werden. Da er aber unbemerkt kommen und nur von denen erkannt werden sollte, die die Schrift prüfen würden ...

Blaise Pascal

In Christus allein wirst du auf dem Wege getroster Verzweiflung an dir und deinen Werken den Frieden finden.

Martin Luther

Gott ist gewiss unser Vater und unser Gott; aber doch beides allein durch Christus.

Martin Luther

So hebe ich meine Arme auf zu meinem Erlöser, der, nachdem er vier Jahrtausende geweissagt war, gekommen ist, um für mich auf Erden zu leiden und zu sterben zu der Stunde und in der Weise, wie es gekündet worden war. Und durch seine Gnade erwarte ich den Tod in Frieden, in der Hoffnung, auf ewig mit ihm vereint zu sein, und bis dahin lebe ich froh und zufrieden. Sei es mit den Gütern, die es ihm gefiel, mir zu geben, sei es mit den Leiden, die er mir zu meinem Heil gesandt und die er mich durch sein Beispiel zu erdulden gelehrt hat.

Blaise Pascal

Ein erniedrigter Gott, bis zum Tod am Kreuz; ein Messias, der über den Tod siegt durch seinen Tod.

Blaise Pascal

Jesus Christus ist die vollkommenste Offenbarung Gottes. Anfang und Ende. Der Erste und der Letzte. Der Ursprung und die Erfüllung. Das Amen.

Benny Hinn

Siehe, er kommt mit den Wolken, und jedes Auge wird ihn sehen, auch die, welche ihn durchstochen haben, und wehklagen werden seinetwegen alle Stämme der Erde. Ja, amen. Ich bin das Alpha und das Omega, spricht der Herr, Gott, der ist und der war und der kommt, der Allmächtige.

Offenbarung 1,7-8

GLAUBEN

Der Glaube aber ist eine Verwirklichung dessen, was man hofft, ein Überführtsein von Dingen, die man nicht sieht.

Hebräer 11,1

Glaube ist Liebe zum Unsichtbaren, Vertrauen aufs Unmögliche, Unwahrscheinliche.

Johann Wolfgang v. Goethe

Heute weiss ich, dass Glauben nichts ist als das Hineinleben in die göttliche Welt.

Paul Ernst

Der Glückliche bedarf des Glaubens, um nicht übermütig zu werden, der Nichtglückliche aber als Halt und der Unglückliche, um nicht zu erliegen.

Wilhelm v. Humboldt

Nachdem wir durch den Glauben von unserer Schuld freigesprochen sind, steht nun nichts mehr zwischen uns und Gott. Wir haben Frieden mit ihm. Wem verdanken wir das? Allein Jesus Christus. Er hat uns die Tür zu diesem neuen Leben mit Gott geöffnet. Voller Freude danken wir Gott dafür, dass wir einmal an seiner Herrlichkeit teilhaben werden.

Römer 5,1-2

Ich kann Ihnen, meine Herren, nicht Besseres wünschen als dies, dass Sie, indem Sie auf diese Weise erkennen, dass jedem Menschen Vernunft gegeben ist, derselben Meinung sein mögen wie wir und glauben, dass Jesus der Christus Gottes ist.

Justin der Märtyrer

Ich versuche nicht zu verstehen, um zu glauben, sondern ich glaube, damit ich verstehen kann. Denn auch das glaube ich: Wenn ich nicht glaube, werde ich nicht verstehen.

Anselm von Canterbury

Ich glaube mehr an Gebete als an Arzneien.

Michelangelo

Es gibt ein Argument, das man allen Spitzfindigkeiten der Glaubenslosen entgegenhalten kann: Noch niemand hat je auf seinem Sterbebett bereut, ein Christ gewesen zu sein.

Thomas Morus

Das ist das erste und höchste Werk der Liebe, was ein Christ, wenn er gläubig geworden ist, tun soll; dass er andere Leute auch zum Glauben bringe, wie er dazu gekommen ist.

Martin Luther

Weil wir an Jesus Christus glauben, müssen wir von ihm reden. Denn wie der Beter im Alten Testament können auch wir von uns sagen: „Ich glaube, deshalb rede ich."

2. Korinther 4,13

Heilige sind solche Menschen, durch die es den andern leichter wird, an Gott zu glauben.

Nathan Soederblom

Das Amen unseres Glaubens ist nicht der Tod, sondern das Leben.

Michael v. Faulhaber

Der Gerechte aber wird durch seinen Glauben leben.

Habakuk 2,4

Glaube ohne Liebe ist nichts wert.

Martin Luther

Anarchismus und Atheismus hängen eng zusammen; wer religiös denkt, wird nicht Anarchist werden können.

Otto v. Bismarck

Der Glaube ist nicht der Anfang, sondern das Ende allen Wissens.

Johann Wolfgang v. Goethe

Glaube ist Gewissheit ohne Beweis.

Amiel

Glauben ist nicht anderes als für wahr halten, was man nicht sieht.

Augustinus

Man kann nie glücklich werden, wenn sich das, woran man glaubt, nicht mit dem deckt, was man tut.

Ralph Waldo Emerson

Laut verkündet Jesus: „Wer an mich glaubt, der glaubt nicht an mich, sondern an den, der mich gesandt hat; und wer mich sieht, sieht den, der mich gesandt hat. Ich bin als Licht in die Welt gekommen, damit jeder, der an mich glaubt, nicht in der Finsternis bleibe; und wenn jemand meine Worte hört und nicht befolgt, so richte ich ihn nicht, denn ich bin nicht gekommen, dass ich die Welt richte, sondern dass ich die Welt rette. Wer mich verwirft und meine Worte nicht annimmt, hat den, der ihn richtet: Das Wort, das ich geredet habe, das wird ihn richten am letzten Tag.

Johannes 12,44-48

Der christliche Glaube ist wie eine grossartige Kathedrale mit herrlichen bunten Fenstern. Wer draussen steht, sieht sie nicht. Aber dem, der drinsteht, wird jeder Lichtstrahl zu einem unbeschreiblichen Glanz.

Nathaniel Hawthorne

Nicht grossen Glauben brauchen wir, sondern Glauben an einen grossen Gott.

Hudson Taylor

In der Bedrängnis wende dich sofort voll Vertrauen an Gott und du wirst gestärkt, erleuchtet und belehrt.

Johannes vom Kreuz

An Christus glauben ist nicht eine schlechte Kunst. Es ist die Kunst, dass einer aus seinem Hause in die Sonne springe.

Martin Luther

Bekehrung gehört nicht zu unserer Arbeit, weil nur Gott bekehren kann.

Mutter Teresa

Jesus sprach zu ihr: Ich bin die Auferstehung und das Leben; wer an mich glaubt, wird leben, auch wenn er gestorben ist; und jeder, der da lebt und an mich glaubt, wird nicht sterben in Ewigkeit. Glaubst du das?

Johannes 11,25-26

Unsere Vorstellung vergrössert die Gegenwart so sehr, weil wir mit ihr fortwährend in Gedanken beschäftigt sind, und verkleinert dermassen die Ewigkeit, weil wir nicht an sie denken, dass wir aus der Ewigkeit ein Nichts und aus dem Nichts eine Ewigkeit machen.

Blaise Pascal

Völlig ohne Hoffnung kann man nicht leben. Ohne Hoffnung leben heisst nicht mehr leben. Hölle ist Hoffnungslosigkeit. Kein Zufall ist es, dass bei Dante über dem Eingang zur Hölle steht: „Die ihr hier eingeht, lasst alle Hoffnung hinter euch."

Fjodor Dostojewski

„In meines Vaters Hause sind viele Wohnungen." Diese Wohnungen lassen uns froh auf den Tag der Heimkehr harren, da Herz und Auge schauen werden, was sie geglaubt haben, und lassen uns gewiss hoffen, dass alle Rätsel und Fragezeichen in lauter Ausruf und Dank, Lob und Preis sich wandeln werden.

Hermann von Bezzel

Du sagst: Was habe ich nötig zu beten? Gerade deshalb hast du es nötig, weil du glaubst, du hättest es nicht nötig!

Johannes Chrysostomus

Der Glaubende erkennt die sichtbare Wirklichkeit voll und ganz an, aber er weiss aufgrund seiner Glaubenserfahrung, dass es noch mehr als jene naturwissenschaftlich berechen- und beweisbare Welt, eine unsichtbare Wirklichkeit, die Wirklichkeit Gottes und des Glaubens gibt. Sie liegt nicht in einem fernen Jenseits, weder räumlich noch zeitlich, sondern durchdringt unsere sichtbare Wirklichkeit so sehr, dass wir – wo immer wir sind – in beiden Wirklichkeiten zugleich leben.

Hans Jürgen Jaworski

Niemand ist so blind wie die, die nicht sehen wollen.

Jonathan Swift

Wer nicht an Wunder glaubt, ist kein Realist!

David Ben Gurion

Denkbar rückwärts, mutig vorwärts, gläubig aufwärts.
Franz-Josef Strauss

In den Worten Christi ist mehr Licht als in jedem anderen Menschenwort. Das zu erkennen, scheint nicht zu genügen. Man muss überdies noch glauben.
André Gide

Also steht fest: Nicht wegen meiner guten Taten, die ich Gott vorweise, werde ich von meiner Schuld freigesprochen. Gott spricht mich erst dann frei, wenn ich mein Vertrauen allein auf Jesus Christus setze.
Römer 3,28

Kein Mensch wird gerecht, kommt in das rechte Verhältnis zu Gott, durch das, was er tut; denn in allem menschlichen Tun ist trotz besten Wollens die Sünde mit am Werke. Durch nichts kann der Mensch daher zu dem Bewusstsein gelangen, dass er ein rechter Partner Gottes sei. Ihm bleibt also nur eins übrig: sich Gott mit all seiner Schwäche rückhaltlos und völlig auf die Gnade vertrauend hinzugeben und ihn zu loben und zu preisen. Das ist allein das rechte Verhältnis zu Gott. Durch jeden Versuch, sich Gott anspruchsvoll unter Hinweis auf unsere guten Taten gegenüberzustellen, würde das rechte Verhältnis zu Gott, die Gerechtigkeit, die vor ihm gilt, zerstört.
Walter Uhsadel

Denn der christliche Glaube beruht fast ganz darauf, zwei Dinge klar zu wissen: die Verderbnis der menschlichen Natur und die Erlösung durch Jesus Christus.
Blaise Pascal

Trotzdem wissen wir inzwischen sehr genau, dass wir nicht durch gute Werke, wie das Gesetz sie von uns fordert, vor Gott bestehen können, sondern allein durch den Glauben an Jesus Christus. Wir sind doch deshalb Christen geworden, weil wir davon überzeugt sind, dass wir nur durch den Glauben an Christus von unserer Schuld freigesprochen werden; nicht aber, weil wir die Forderungen des Gesetzes peinlich genau erfüllen. Denn wie die Heilige Schrift sagt, findet kein Mensch allein durch gute Werke Gottes Anerkennung.

Galater 2,16

Glaube hat jener Mensch, der mit seiner Erkenntnis, die das innere Auge ist, das sieht, was dem äusseren Leben verborgen ist, und nicht daran zweifelt.

Hildegard von Bingen

Ich würde nicht glauben, wenn ich nicht einsehen würde, dass es vernünftig ist zu glauben.

Thomas von Aquin

Der Glaube sagt wohl das, was die Sinne nicht sagen, aber nicht das Gegenteil von dem, was sie sagen. Er ist über ihnen und nicht gegen sie.

Blaise Pascal

Kann uns also unser Gewissen nicht mehr verurteilen, meine Lieben, dann dürfen wir voller Freude und Zuversicht zu Gott kommen. Er wird uns geben, worum wir ihn bitten; denn wir gehorchen seinen Geboten und leben, wie es ihm gefällt. Und so lautet Gottes Gebot: Wir sollen an seinen Sohn Jesus Christus glauben und einander so lieben, wie Christus es uns aufgetragen hat.

1. Johannes 3,21-23

Glaube ist Liebe, Frieden und Freude im Heiligen Geist. Er ist die fröhlichste Sache der Welt. Er ist völlig unvereinbar mit Griesgrämigkeit, Missmut und Hartherzigkeit.

John Wesley

Der Glaube ist die einzige Quelle meines beständigen Frohsinns und meines zufriedenen Gemüts. Er gibt mir, dass ich mich von der Angst nicht anstecken lasse.

Catharina E. Goethe

Wir müssen nicht auf Distanz leben zu Gott, der so gut ist. Wenn er schlimm wäre, wenn er link wäre, wenn er uns benachteiligte, wenn er uns anlügen würde, dann könnte ich das verstehen, dass man auf Distanz lebt, aber er ist nicht so. Er ist ein Gott, der liebt, er ist ein Gott, der sich zu uns stellt. Wir können uns Gott nähern, wir können glauben, dass er für uns da ist, um uns zu belohnen.

Ingolf Ellssel

Ohne Glauben aber ist es unmöglich, ihm wohlzugefallen; denn wer Gott naht, muss glauben, dass er ist und denen, die ihn suchen, ein Belohner sein wird.

Hebräer 11,6

Jede Verheissung, die in dem Testament der Bibel steht, gilt dir. Jede. Und sie ist Ja und Amen, das heisst gewiss und inhaltlich erfüllt durch Jesus Christus. Kannst du eine Verheissung glauben? Kannst du glauben, dass Jesus Christus dir deine Sünde vergeben hat, dann hast du Vergebung. Kannst du glauben, dass der Herr über dein Leben wacht, dann hast du ein bewachtes Leben. Dass er dich versorgen wird, dich tragen wird bis zum hohen Alter – kannst du diese Verheissungen glauben, gehören sie dir. Hat er verheissen, dich zu taufen im Heiligen Geist, kannst du es nehmen, und es gehört dir.

Charles H. Spurgeon

Glauben heisst leben.

Honoré de Balzac

Glaube ist der Sinn des Lebens, der Sinn, durch den der Mensch sich nicht selbst zerstört, sondern weiterlebt.

Leo Tolstoi

Der Glaube an Gott ist wie der ewige Beginn einer Liebe.

Jean Giraudoux

Der Mensch ist, was er glaubt.

Anton P. Tschechow

In der Tat sind Menschen, die sich zu Jesus Christus im Glauben halten, Menschen, die weiter schauen, als es in schwieriger Situation möglich ist.

Ingolf Ellssel

Gott ist nicht durchschaubar in seinen Plänen, aber er sagt, vertraue mir.

Henry Schwimm

Glaube ist Vertrauen, nicht Wissenwollen.

Hermann Hesse

Wenn an Gott glauben bedeutet, von ihm in dritten Person reden zu können, glaube ich nicht an Gott. Wenn an ihn glauben bedeutet, zu ihm reden zu können, glaube ich an Gott.

Martin Buber

Die Welt macht jetzt den Versuch, einen zivilisierten Geist zu formen und nicht einen christlichen. Das Experiment wird scheitern. Aber wir wollen das Scheitern in Geduld abwarten und inzwischen arbeiten, damit der Glaube durch die uns bevorstehende finstere Epoche hindurch gewahrt bleibt.

Thomas Stearns Eliot

Aber seit ich Christus kenne, ist für mich alles ein Verlust, was ich früher als grossen Gewinn betrachtet habe. Denn das ist mir klar geworden: Gegenüber dem unvergleichlichen Gewinn, dass Jesus Christus mein Herr ist, hat alles andere seinen Wert verloren. Ja, alles andere ist für mich nur noch Dreck, wenn ich bloss Christus habe. Zu ihm will ich gehören. Durch meine Leistung kann ich vor Gott nicht bestehen, selbst wenn ich das Gesetz genau befolge. Was Gott für mich getan hat, das zählt. Darauf will ich vertrauen. Um ihn allein geht es mir. Ihn will ich immer besser kennenlernen und die Kraft seiner Auferstehung erfahren, damit ich auch seine Leiden mit ihm teilen und seinen Tod mit ihm sterben kann. Dann werde ich auch mit allen, die an Christus glauben, von den Toten auferstehen.

Philipper 3,7-11

Die höchste Form des Glaubens, die völlige Unterordnung unter den heiligen Willen Gottes, auch im bitteren Schmerz, kann schlechterdings nur in der Schule des Leidens gelernt werden.

Dora Rappard

Der Glaube eines Menschen kann durch kein Glaubensbekenntnis, sondern nur durch die Beweggründe seiner gewöhnlichen Handlungen festgestellt werden.

George Bernard Shaw

Was für eine wunderbare Sache ist es, seines Glaubens sicher zu sein!

Georg Friedrich Händel

Gott wacht über seinem Wort um es auszuführen, um seine Macht und Herrlichkeit zu erweisen an denen, die an ihn glauben.

Ingolf Ellssel

Und alles, was immer ihr im Gebet glaubend begehrt, werdet ihr empfangen.

Matthäus 21,22

Bete und glaube und du wirst Wunder sehen.

Zoran Andonov

Was du mit Glauben und mit Mut begonnen hast, das hilft dir Gott vollenden.

Christoph Martin Wieland

Der christliche Glaube stützt sich auf Tatsachen. Er ist ein vernünftiger Glaube. Glaube im christlichen Sinne geht über den Verstand hinaus, steht aber nicht im Gegensatz zum Verstand.

Paul Little

Die grössten und wirksamsten Heilkräfte liegen in festem Glauben, Schlaf, Musik und Lachen.

Israel Bram

Und nachdem Johannes überliefert war, kam Jesus nach Galiläa und predigte das Evangelium Gottes und sprach: Die Zeit ist erfüllt, und das Reich Gottes ist nahe gekommen. Tut Busse und glaubt an das Evangelium!

Markus 1,14-15

Der Glaube an das Wort des Lebens ist die stärkste Macht, die im Universum existiert.

Elias Aslaksen

Es gibt keine andere Leiter, um zum Himmel emporzusteigen, als das Kreuz.

Rosa von Lima

Ein kleiner Geist will nur glauben, was er sieht.

Francois de Rochefoucauld

Wenn du willst, dass dein Nächster an Gott glaubt, dann lass ihn sehen, was Gott aus dir gemacht hat.

Ralph Waldo Emerson

Also lerne hier, was „glauben" heisst, nämlich nichts anders, denn dass wir am Wort Christi und der Verheissung nicht zweifeln, sondern wie das Wort verheisset, solches für gewiss und wahr halten, dass es nimmermehr fehlen werde, ob wir`s gleich nicht sehen oder fühlen. Denn das ist des Glaubens sonderliche Art, dass er damit umgehet und das glaubt, das noch nicht vorhanden ist.

Martin Luther

Wie aber soll der Glaube gestärkt werden? Nicht dadurch, dass wir uns mühen und darum ringen, sondern dadurch, dass wir in dem ruhen, der treu ist.

John McCarthy

Denn so sehr hat Gott die Welt geliebt, dass er seinen eingeborenen Sohn gab, damit jeder, der an ihn glaubt, nicht verloren geht, sondern ewiges Leben hat. Denn Gott hat seinen Sohn nicht in die Welt gesandt, dass er die Welt richte, sondern dass die Welt durch ihn errettet werde. Wer an ihn glaubt, wird nicht gerichtet; wer aber nicht glaubt, ist schon gerichtet, weil er nicht geglaubt hat an den Namen des eingeborenen Sohnes Gottes. Dies aber ist das Gericht, dass das Licht in die Welt gekommen ist, und die Menschen haben die Finsternis mehr geliebt als das Licht, denn ihre Werke waren böse. Denn jeder, der Arges tut, hasst das Licht und kommt nicht zu dem Licht, damit seine Werke nicht blossgestellt werden; wer aber die Wahrheit tut, kommt zu dem Licht, damit seine Werke offenbar werden, dass sie in Gott gewirkt sind.

Johannes 3,16-21

Gott ist kein unbarmherziger Zuschauer, der lässig in seinem Sessel lehnt und am Ende unseres Leben den Daumen hebt oder senkt. Wir sind auch nicht einem unerreichbaren, machtbesessenen Wesen ausgesetzt, das jeden Fehltritt unnachgiebig bestraft. Sondern wir haben es mit einem Gott zu tun, der uns so bedingungslos und vorbehaltlos liebt, dass er das Leben seines einzigen Sohnes opfert, damit wir leben können. Und diesem Gott ist nicht egal, was mit uns geschieht.

Cornelia Abraham

Ich wollte niemals einen anderen Gedanken haben als den: Die Auferstehung ist für mich geschehen.

Martin Luther

Alles wanket, wo der Glaube fehlt.

Friedrich Schiller

Die Grundlagen für die Menschlichkeit ist der Glaube, und die Grundlage für den Glauben ist die Menschlichkeit.

Martin Buber

Wer im Glauben beharrt, wird am Ende ganz bestimmt erfahren, dass Gott die Seinen nicht verlässt. Er wartet wohl mit dem Trost und spannt die Saiten so straff, dass man meint, sie müssten sogleich zerreissen. Zu gelegener Zeit aber stellt er sich ein, und gerade dann richtet er uns mit seiner Hilfe auf, wenn wir glauben, ins Verderben zu stürzen.

Martin Luther

Das ist das Ende der Philosophie, zu wissen, dass wir glauben müssen.

Emanuel Geibel

Die Vorsorge für das ewige Leben ist auf dieser Erde zu treffen. Wer dies versäumt, hat alles verloren.

Aloys Grass

Es ist doch so: Wenn ich eine Arbeit leiste, habe ich Anspruch auf Lohn. Ohne Leistung werde ich nichts bekommen. Aber bei Gott ist das anders. Bei ihm werde ich nichts erreichen, wenn ich mich auf meine „guten" Taten berufe. Nur wenn ich Gott vertraue, der mich trotz meiner Schuld freispricht, kann ich vor ihm bestehen.

Römer 4,4-5

Ich stelle fest, dass ich mich nicht auf meine guten Taten verlassen kann, um in den Himmel zu kommen. Die einzig gültige Schuldbegleichung aller meiner Fehler ist der Tod und die Auferstehung Christi.

Bernhard Langer

Ein Mensch kann sich nicht selbst erlösen. Die Erlösung ist Gottes Werk. Sie ist vollständig abgeschlossen. Der einzelne Mensch braucht sie nur noch anzunehmen.

Romano Guardini

Das Wichtigste am Glauben ist, dass man sich von Gott geliebt weiss, so wie man ist. Mein Lieblingsvers in der Bibel handelt von einer besonderen Kraft: Ich kann alles durch den, der mich mächtig macht, Jesus Christus.

Zé Roberto

Der Glaube ist ein grosses Gefühl von Sicherheit für die Gegenwart und Zukunft, und diese Sicherheit entspringt dem Zutrauen auf ein übergrosses, übermächtiges und unerforschliches Wesen.

Johann Wolfgang v. Goethe

Behandle Gottes Zusagen nicht wie Museumsstücke, sondern glaube ihnen und mache von ihnen Gebrauch.

Charles H. Spurgeon

An einen Gott glauben heisst die Frage nach dem Sinn des Lebens verstehen. An einen Gott glauben heisst sehen, dass es mit den Tatsachen der Welt noch nicht getan ist. An einen Gott glauben heisst sehen, dass das Leben einen Sinn hat.

Ludwig Wittgenstein

Immer und überall danken heisst mehr und mehr ernst machen mit dem Glauben, dass die Liebe Gottes alles verantwortet und mitträgt, was uns begegnet, sei es auch Schwerstes.

Heinrich Spaemann

Ein Christ sein ist, das Evangelium haben und daran glauben.

Martin Luther

Christus ist ein fester Grund der Seligkeit und unüberwindlicher Felsen aller, die an ihn glauben.

Martin Luther

Ich glaube an Christus, so wie ich glaube, dass die Sonne aufgegangen ist, nicht nur, weil ich sie sehe, sondern weil ich durch sie alles andere sehen kann.

C. S. Lewis

Der Glaube kommt allein aus dem Hören der Botschaft; die Botschaft aber gibt uns Christus.

Römer 10,17

Die Aufgabe des Glaubens ist es, Gott bei seinem Wort zu nehmen.

Robert Cleaver Chapman

Glaube heisst, dass einer durch ein unmöglich Ding hindurchbrechen soll. Er geht hinein ins Meer, als wenn kein Wasser da wäre, in den Tod, als wenn kein Tod da wäre, und fällt Christus um den Hals, als wenn es niemals Sünde gegeben hätte.

Martin Luther

Herr, hilf meiner armen Seele!

Edgar Ellen Poe

Ich bin als das Licht in die Welt gekommen, damit keiner, der an mich glaubt, länger in der Dunkelheit leben muss.

Johannes 12,46

Licht vertreibt die Finsternis, und Glaube an Jesus Christus vertreibt Furcht.

Reinhard Bonnke

Wo kein Glaube ist, da ist eitel Furcht, Angst, Scheu und Traurigkeit.

Martin Luther

Der Glaube ist keine Zumutung für unseren Verstand, sondern für unseren Stolz.

Werner Steinberg

Wahrlich, wahrlich, ich sage euch: Wer mein Wort hört und glaubt dem, der mich gesandt hat, der hat ewiges Leben und kommt nicht ins Gericht, sondern er ist aus dem Tod in das Leben übergegangen.

Johannes 5,24

In den Himmel kommen nicht die, denen die Erde zu schwer ist, sondern die Glaubenden.

Walter Goes

Christus, der sich einst geopfert hat, ist bis in Ewigkeit ein sicheres und gültiges Opfer für die Sünden aller Gläubigen.

Ulrich Zwingli

Glaubst du, so redest du. Redest du, so musst du leiden. Leidest du, so wirst du getröstet. Denn Glaube, Bekenntnis und Kreuz gehören zueinander und stehen einem rechten Christen zu.

Martin Luther

Ein Glaube, der nur Überzeugung, aber keine Taten zur Folge hat, hat nichts von der Kraft Gottes an sich.

Dominique Lacordaire

Der Glaube macht den Christen, der Mund bekennt, das Leben beweist, das Leiden bewährt, das Sterben krönt ihn.

Martin Kähler

Denn wenn du mit deinem Munde bekennst: „Jesus Christus ist der Herr!" und wenn du von ganzem Herzen glaubst, dass Gott ihn von den Toten auferweckt hat, dann wirst du gerettet werden. Wer also von Herzen an Christus glaubt und seinen Glauben auch bekennt, der erlebt, was es heisst, von Christus erlöst zu sein. Gott sagte schon durch den Propheten Jesaja: "Wer an ihn glaubt, wird nicht verloren gehen."

Römer 10,9-11

Wer nicht an Christus glauben will, der muss sehen, wie er ohne ihn sich raten kann. Ich und du können das nicht. Wir brauchen jemand, der uns hebe und halte, dieweil wir leben, und uns die Hand unter den Kopf lege, wenn wir sterben sollen; und das kann er überschwänglich, nach dem, was von ihm geschrieben steht; und wir wissen keinen, von dem wir`s lieber hätten.

Matthias Claudius

Die zwei leiden sich nicht miteinander: Sorgen und Glauben. Eins muss das andere auslöschen.

Martin Luther

Wie scharfe Verstandessinne ein Mensch auch hat, er kann übersinnliche Dinge nur mit dem Glauben verstehen, sonst tappt er wie ein Blinder in der Finsternis.

Mechthild von Magdeburg

Die Absicht eines Christen, der ein Streitgespräch über die Glaubenswahrheiten führt, muss nicht darauf zielen, den Glauben zu beweisen, sondern den Glauben zu verteidigen.

Thomas von Aquin

Zu glauben ist schwer. Nichts zu glauben ist unmöglich.

Victor Hugo

Unglaube und Aberglaube sind beide Angst vor dem Glauben.

Sören Kierkegaard

Wie man ohne Glauben an eine geoffenbarte Religion, an Gott, der das Gute will, an einen höheren Richter und ein zukünftiges Leben zusammenleben kann in geordneter Weise, das Seine tun und jedem das Seine lassen, begreife ich nicht.

Otto v. Bismarck

Für diejenigen, die an Gott glauben, ist keine Erklärung notwendig, für diejenigen, die nicht an Gott glauben, ist keine Erklärung möglich.

Franz Werfel

Dem Evangelium glauben löset von Sünden.

Martin Luther

Ich würde mir wünschen, dass jeder Gläubige sich die Frage stellt: „Wie viel glaube ich?", anstatt immer zu fragen: „Wie viel weiss ich?"

Robert Cleaver Chapman

Wenn Gott spricht, dann traue deinen Augen nicht, wenn sie den Ohren widersprechen.

William Hake

Wer fähig ist, sich ganz und gar auf das Blut und die Gerechtigkeit Jesu Christi zu verlassen, hat augenblicklich das ewige Leben, das alle Gebete und Tränen, das Busse und Zur-Kirche-Gehen niemals verschaffen können.

Charles H. Spurgeon

Auf der Welt gibt es nur deshalb Liebe, weil die Menschen an die Unsterblichkeit glauben. Mit dem Aufhören des Glaubens würde die Liebe vernichtet werden.

Fjodor Dostojewski

Das ist Glaube, wenn man mit Gott spricht, wie man mit einem Menschen sprechen würde.

Jean-Baptiste Vianney

Das menschliche Dasein ist zu traurig ohne Gottesglaube.

Carl Hilty

Der christliche Glaube besteht nicht darin, dass alle Christen in allen Punkten dieselbe Meinung haben, sondern dass jeder im Geiste Christi handle.

Albert Schweitzer

Der Glaube an Gott ist wie das Wagnis des Schwimmens: Man muss sich dem Element anvertrauen und sehen, ob es trägt.

Hans Küng

Der Glaube ist ein Gottesgeschenk, das durch das Gebet kommt.

Mutter Teresa

Denn nur durch seine unverdiente Güte seid ihr vom Tod errettet worden. Ihr habt sie erfahren, weil ihr an Jesus Christus glaubt. Aber selbst dieser Glaube ist ein Geschenk Gottes und nicht euer eigenes Werk. Durch eigene Leistungen kann man bei Gott nichts erreichen. Deshalb kann sich niemand etwas auf seine guten Taten einbilden.

Epheser 2,8-9

Durch die Werke geben wir Zinsgut, aber durch den Glauben empfangen wir Erbgut.

Martin Luther

Ein Gläubiger ist doch wohl ein Verliebter; ja, sogar von allen Verliebten der am meisten Verliebte.

Sören Kierkegaard

Glauben – das heisst: nicht zweifeln!

Dag Hammarskjöld

Glauben und Kreuz, das tut`s. Denn Glaube kann nicht bestehen ohne Kreuz.

Martin Luther

Der Herr aber sprach: Wenn ihr Glauben habt wie ein Senfkorn, so würdet ihr zu diesem Maubeerfeigenbaum sagen: Entwurzele dich und pflanze dich ins Meer! Und er würde euch gehorchen.

Lukas 17,6

Im Realisten wird der Glaube nicht durch das Wunder hervorgerufen, sondern das Wunder durch den Glauben.

Fjodor Dostojewski

Nur der Glaube betet; nur das Gebet des Glaubens hat Kraft.

Ludwig Feuerbach

Tätiger Glaube ist Liebe, und tätige Liebe ist Dienst.

Mutter Teresa

Vernunft vor dem Glauben und der Erkenntnis Christi ist Finsternis, aber im Glaubenden ist sie ein treffliches Werkzeug. Denn wie alle Naturgaben und -werkzeuge in den Gottlosen gottlos sind, so sind sie in den Gläubigen heilsam.

Martin Luther

Der Glaube gibt uns weder die Illusion, wir könnten von Leid und Schmerzen ausgenommen werden, noch lässt er uns annehmen, das Leben sei ein Schauspiel ohne dramatische Augenblicke und Verwicklungen. Vielmehr wappnet er uns mit der inneren Ausgeglichenheit, die wir brauchen, um den unvermeidlichen Spannungen, Lasten und Ängsten entgegenzutreten.

Martin Luther King

Das ist das Geheimnis des Glaubens: Im Tod ist das Leben.

August Everding

Wer an den Sohn glaubt, hat ewiges Leben; wer aber dem Sohn nicht gehorcht, wird das Leben nicht sehen, sondern der Zorn Gottes bleibt auf ihm.

Johannes 3,36

Der Mensch hat dann seinen letzten und ewigen Sinn gefunden, wenn er wieder eins ist mit seinem Gott. Dieses Einswerden wird dem Menschen im Versöhnungsopfer von Golgatha geschenkt, das er in kindlichem Vertrauen annehmen darf und soll.

Klaus Vollmer

Der Kritizismus kann dich zum Philosophen machen, aber nur der Glauben zum Apostel.

Marie v. Ebner-Eschenbach

Wenn du an Gott glaubst, wird er die Hälfte deines Werkes tun. Die zweite Hälfte.

Cyrus Curtis

Wer Gott vertraut, ist schon auferbaut.

Johann Wolfgang v. Goethe

Denn durch den Glauben an Jesus Christus seid ihr nun alle zu Kindern Gottes geworden.

Galater 3,27

Der Himmel ist für den, der durch den Glauben an den Herrn Jesus ein Kind Gottes geworden ist, eine Heimat.

V. Raymond Edman

Wer Gott nicht kann den Bauch vertrauen, der kann ihm nimmermehr die Seele vertrauen.
Martin Luther

Werke sind das Siegel und die Probe des Glaubens. Wie ein Brief ein Siegel braucht, so braucht der Glaube die Werke.
Martin Luther

Liebe Brüder! Welchen Wert hat es, wenn jemand behauptet, an Christus zu glauben, aber an seinen Taten ist das nicht zu erkennen! Kann ihn ein solcher Glaube vor Gottes Urteil retten? Stellt euch vor, in eurer Gemeinde sind einige in Not. Sie haben weder etwas anzuziehen noch genug zu essen. Wäre ihnen schon damit geholfen, wenn du zu ihnen sagst: „Ich wünsche euch alles Gute! Hoffentlich habt ihr warme Kleider und könnt euch satt essen!", ohne dass ihr ihnen gebt, was sie zum Leben brauchen? Genauso nutzlos ist ein Glaube, der sich nicht in der Liebe zum Nächsten beweist: Er ist tot.
Jakobus 2,14-17

LIEBE

Die Liebe ist langmütig, die Liebe ist gütig; sie neidet nicht; die Liebe tut nicht gross, sie bläht sich nicht auf, sie benimmt sich nicht unanständig, sie sucht nicht das Ihre, sie lässt sich nicht erbittern, sie rechnet Böses nicht zu, sie freut sich nicht über die Ungerechtigkeit, sondern sie freut sich mit der Wahrheit, sie erträgt alles, sie glaubt alles, sie hofft alles, sie erduldet alles.
1. Korinther 13,4-7

Ihr könnt euch an einer Aufgabe totarbeiten; wenn sie nicht mit Liebe getan ist, nützt sie nichts.
Mutter Teresa

Daran werden alle erkennen, dass ihr meine Jünger seid, wenn ihr Liebe untereinander habt.
Johannes 13,35

Die Liebe ist der Endzweck der Weltgeschichte, das Amen des Universums.
Novalis

Die Liebe ist Zentrum des Universums, denn Gott ist die Liebe.
Zoran Andonov

Sogar in Gottes Zorn ist Barmherzigkeit.
Talmud

Geliebte, lasst uns einander lieben! Denn die Liebe ist aus Gott, und jeder, der liebt, ist aus Gott geboren und erkennt Gott. Wer nicht liebt, hat Gott nicht erkannt, denn Gott ist Liebe. Hierin ist die Liebe Gottes zu uns geoffenbart worden, dass Gott seinen eingeborenen Sohn in die Welt gesandt hat, damit wir durch ihn leben möchten. Hierin ist die Liebe: nicht dass wir Gott geliebt haben, sondern dass er uns geliebt und seinen Sohn gesandt hat als eine Sühnung für unsere Sünden.

1. Johannes 4,7-10

Der Schlüssel zu den Herzen der Menschen wird nie unsere Klugheit, sondern immer unsere Liebe sein.

Hermann Bezzel

Ich nehme keine Auszeichnungen in meinem Namen an. Ich bin nichts.

Mutter Teresa

Wir neigen dazu, Erfolg eher nach der Höhe unserer Gehälter oder nach der Grösse unserer Autos zu bestimmen als nach dem Grad unserer Hilfsbereitschaft und dem Mass unserer Menschlichkeit.

Martin Luther King

Die christliche Liebe mordet nicht. Die Liebe zum Nächsten treibt uns nicht, ihn zu erwürgen.

Jean-Jacques Rousseau

Was kein Auge gesehen und kein Ohr gehört hat und in keines Menschen Herz gekommen ist, was Gott denen bereitet hat, die ihn lieben.

1. Korinther 2,9

Mache uns würdig, o Gott, unseren Mitmenschen in der ganzen Welt, die in Hunger und Armut leben und sterben, zu dienen. Lass uns in der Person des Armen unseren Herrn Jesus Christus sehen.

Schenke uns Liebe und Hingabe, wenn wir unserem Herrn, der uns in dieser jämmerlichen Verkleidung begegnet, dienen.

Mutter Teresa

Ich liebe die Güter, weil sie mir das Mittel geben, den Unglücklichen damit zu helfen.

Blaise Pascal

Die Liebe hat den Menschen erschaffen, die Demut hat ihn erlöst.

Hildegard von Bingen

Wenn Jesus uns gebietet, unsere Feinde zu lieben, so gibt er selber uns die Liebe, die er von uns fordert.

Corrie ten Boom

Christus hat jetzt keinen anderen Leib als euren, keine Hände ausser eure. Eure Augen sind es, durch die Christi Erbarmen auf die Welt schaut. Mit euren Füssen geht er umher und tut Gutes. Mit euren Händen will er uns jetzt segnen.

Theresa von Avila

Wachet, steht fest im Glauben; seid mannhaft, seid stark! Alles bei euch geschehe in Liebe!

1. Korinther 16,13-14

Wer ist reinen Herzens? Allein der, der sein Herz Jesus hingegeben hat, dass er allein darin herrsche; der sein Herz nicht befleckt durch eigenes Böses, aber auch nicht durch eigenes Gutes. Das reine Herz ist das einfältige Herz des Kindes.

Dietrich Bonhoeffer

Liebevolle Demut ist eine gewaltige Macht, die stärkste von allen, und es gibt keine andere, die ihr gleichkäme.

Fjodor Dostojewski

Ich denke immer, das beste Mittel, Gott zu erkennen, ist, viel zu lieben.

Vincent van Gogh

Liebe zu Gott. Eine erhabene Liebe, die alles einschliesst, was gut, und alles negiert, was böse ist.

Leo Tolstoi

Die Worte Jesu: „Liebet einander, wie ich euch geliebt habe", sollten nicht nur ein Licht für uns sein, sondern obendrein ein Feuer, das den Egoismus verzehrt.

Mutter Teresa

Wenn ihr mich liebt, so werdet ihr meine Gebote halten; und ich werde den Vater bitten, und er wird euch einen anderen Beistand geben, dass er bei euch sei in Ewigkeit, den Geist der Wahrheit, den die Welt nicht empfangen kann, weil sie ihn nicht sieht noch ihn kennt.

Johannes 14,15-17

Nur der, den auch die Menschen lieben, ist auch bei Gott gut angeschrieben.

Jüdische Spruchweisheit

Der Mensch ergibt sich der Illusion des Egoismus, lebt nur für sich und leidet. Sobald er beginnt, für andere zu leben, leidet er weniger und empfängt das höchste Glück der Welt: die Liebe der Menschen.

Leo Tolstoi

Je mehr die Nächstenliebe die Triebfeder meiner Handlungen und Gedanken ist, desto mehr fühle ich, dass Jesus in mir wirkt; desto tiefer ist meine Einheit mit ihm, desto stärker meine Liebe für meine Schwester im Karmel.

Mutter Teresa

Versuche nicht, ein erfolgreicher Mensch, sondern lieber, ein wertvoller Mensch zu werden!

Albert Einstein

Einer trage des anderen Lasten, und so werdet ihr das Gesetz des Christus erfüllen.

Galater 6,2

Nur die Liebe führt zur Erkenntnis.

Angela v. Foligno

Liebe ist der Anfang, Liebe ist die Mitte und Liebe ist das Ende. Wenn Gottes Liebe ins Herz hineinkommt, sieht man nur Jesus, immer nur Jesus!

Oswald Chambers

Liebe ist die einzige Kraft, die einen Feind in einen Freund verwandelt.

Martin Luther King

Achte nur darauf, was Christus für dich und für alle getan hat, damit du auch lernst, was du für andere zu tun schuldig bist.

Martin Luther

Es muss wohl Menschen geben, die auch für solche beten, die niemals beten.

Victor Hugo

Du bist allerdings frei bei Gott durch den Glauben; aber bei den Menschen bist du jedermanns Diener durch die Liebe.

Martin Luther

Liebe ist die Leiter, worauf wir emporklimmen zu Gottähnlichkeit.

Friedrich Schiller

Mache, dass ich danach trachte zu trösten, statt getröstet zu werden, zu verstehen, statt verstanden zu werden, zu lieben, statt geliebt zu werden. Denn wir können nur empfangen, wenn wir geben.
Franz von Assisi

Wenn irgendwo sonst, dann in der Selbsthingabe rühren wir an den Rhythmus nicht allein der ganzen Schöpfung, sondern des Seins überhaupt.
C. S. Lewis

Aber euch, die ihr hört, sage ich: Liebet eure Feinde; tut wohl denen, die euch hassen; segnet, die euch fluchen; betet für die, die euch beleidigen!
Lukas 6,27-28

Das Gebot der Feindesliebe ist eine absolute Notwendigkeit, wenn wir überleben wollen.
Martin Luther King

Der einfache Weg! Die Frucht der Stille ist das Gebet. Die Frucht des Gebets ist der Glaube. Die Frucht des Glaubens ist die Liebe. Die Frucht der Liebe ist das Dienen. Die Frucht des Dienens ist der Friede!
Mutter Teresa

Glücklich der Mensch, der seinen Nächsten trägt in seiner ganzen Gebrechlichkeit, wie er sich wünscht, von jenem getragen zu werden in seiner eigenen Schwäche.
Franz von Assisi

Es gibt nichts Schöneres, als geliebt zu werden, geliebt um seiner selbst willen oder vielmehr: trotz seiner selbst.
Victor Hugo

Wie war es in der Urkirche? Woran haben die anderen die wahren Christen erkannt? Erkannt haben sie die Christen daran, dass sie die Liebe sahen, mit der sie einander zugetan waren.

Mutter Teresa

Gott erschuf dich, damit du ihn liebst, nicht damit du ihn verstehst.

Voltaire

Manche weinen darüber, dass sie Gott nicht lieben. Nun, gerade diese lieben Gott.

Jean-Baptist Vianney

Wenn man sich zur Liebe Gottes erhebt, dann liebt man alle Menschen, nicht weil man sie gern hat, nicht weil ihre Art einem gefällt, sondern man liebt sie, weil Gott sie liebt.

Martin Luther King

Vergeltet niemand Böses mit Bösem; seid bedacht auf das, was ehrbar ist vor allen Menschen! Wenn möglich, so viel an euch ist, lebt mit allen Menschen in Frieden.

Römer 12,17-18

Sage den Leuten, die du lieb hast, immer wieder, dass du sie lieb hast! Die Liebe der Menschen lebt von gütigen Worten. Auch alte und grosse Menschen hungern nach dem gütigen Wort.

Ludwig Köhler

Nichts verschönt das eigene wie das Leben der Mitmenschen so sehr, wie das zur Gewohnheit gewordene Bestreben, gut zu sein.

Leo Tolstoi

Die Liebe ist unter den Tugenden, was die Sonne unter den Sternen: Sie gibt ihnen Glanz und Schönheit.

Franz von Assisi

Der Himmel auf Erden ist überall, wo Menschen von Liebe zu Gott, zu ihren Mitmenschen und zu sich selbst erfüllt sind.

Hildegard von Bingen

Der tiefe Glauben ist in der Praxis Liebe, und die Liebe ist in der Praxis Dienst.

Mutter Teresa

Ich frage mich: Was bedeutet die Hölle? Ich behaupte: die Unfähigkeit zu lieben.

Fjodor Dostojewski

Ein durch die Kraft Gottes geheilter Körper ist ein grosses Wunder der Liebe und Barmherzigkeit Gottes. Doch das grösste aller Wunder ist ein durch das Blut Jesu Christi gereinigtes Herz, eine durch den Heiligen Geist wiedergeborene Seele, hineingeboren in die Familie unseres himmlischen Vaters, zum Erben und zum Miterben unseres geliebten Herrn und Heilandes, Jesus Christus, gemacht. Dass Gott uns so sehr liebt – das ist das Wunder aller Wunder!

Kathryn Kuhlman

Es gibt keinen grösseren Dienst, als die Menschen vom Irrtum zur Wahrheit zu führen.

Thomas von Aquin

Der Heilige Geist ist mein engster, persönlichster, vertrautester, am meisten geliebter Freund. Er ist realer als alles andere auf der Welt!

Kathryn Kuhlmann

Die Sorge für die Kranken muss vor und über allem stehen: Man soll ihnen so dienen, als wären sie wirklich Christus.

Benedikt von Nursia

Liebe und tu, was du willst!

Augustinus

Ich habe in meinem Leben viel kluge und gute Bücher gelesen, aber ich habe in ihnen allen nichts gefunden, was mein Herz so still und getrost gemacht hätte wie diese vier Worte: „Du bist bei mir."

Immanuel Kant

Wir sind alle zum Lieben geboren. Es ist der Sinn unseres Seins und sein einziger Zweck.

Benjamin Disraeli

Das ist das Grösste, was dem Menschen gegeben ist: dass es in seiner Macht steht, grenzenlos zu lieben.

Theodor Storm

Zu lieben ist Segen, geliebt zu werden – Glück.

Leo Tolstoi

Die Sprache der Liebe ist die einzige Sprache, die alle Menschen verstehen.

Josef Freinademetz

Ordnet euch einander unter in der Furcht Christi, die Frauen den eigenen Männern als dem Herrn! Denn der Mann ist das Haupt der Frau, wie auch der Christus das Haupt der Gemeinde ist, er als der Heiland des Leibes. Wie aber die Gemeinde sich dem Christus unterordnet, so auch die Frauen den Männern in allem. Ihr Männer, liebt eure Frauen! Wie auch der Christus die Gemeinde geliebt und sich selbst für sie hingegeben hat, um sie zu heiligen, sie reinigend durch das Wasserbad im Wort, damit er die Gemeinde sich selbst verherrlicht darstellte, die nicht Flecken oder Runzel oder etwas dergleichen habe, sondern dass sie heilig und tadellos sei. So sind auch die Männer schuldig, ihre Frauen zu lieben wie ihre eigenen Leiber. Wer seine Frau liebt, liebt sich selbst. Denn niemand hat jemals sein eigenes Fleisch gehasst, sondern er nährt und pflegt es, wie auch der Christus die Gemeinde. Denn wir sind Glieder seines Leibes.

Epheser 5,21-29

Der Schlüssel zu den Herzen der Menschen wird nie unsere Klugheit, sondern immer unsere Liebe sein.

Hermann von Bezzel

Liebe ist das Einzige, das wächst, wenn wir es verschwenden.

Ricarda Huch

Vergeudet haben wir unser Leben, wenn wir nicht Liebe geben.

Nathan Söderblom

Ich begriff, dass die Liebe alle Berufungen umfasst, dass sie alles in allem ist, dass sie alle Zeiten und Orte einschliesst ..., mit einem Wort, dass sie ewig ist.

Therese von Lisieux

Gott liebt uns weit mehr, als wir selber uns lieben.

Theresa von Avila

Das einzig Wichtige im Leben sind Spuren von Liebe, die wir hinterlassen, wenn wir ungefragt weggehen und Abschied nehmen müssen.

Albert Schweitzer

Es gäbe wenig Liebe in der Welt, wenn sie nur dem geschenkt werden könnte, der sie verdient.

Karl Heinrich Waggerl

Nichts tröstet mächtiger als die Gewissheit, mitten im Elend von der Liebe Gottes umfangen zu werden.

Johannes Calvin

Die Wahrheit ist in dieser Zeit so sehr verdunkelt und die Lüge so allgemein verbreitet, dass man die Wahrheit nicht erkennen kann, wenn man sie nicht liebt.

Blaise Pascal

Wer ist der Mächtigste im ganzen Land? Wer die Liebe seines Feindes gewinnt.

Pinchas Lapide

Ein jedes Werk, das nicht auf Liebe gegründet wird, trägt den Keim des Todes in sich.

Johann Heinrich Pestalozzi

Missionare sind Gesandte der göttlichen Liebe.

Arnold Janssen

Wer an seinem Nächsten vorübergeht, der geht auch an Gott vorüber.

Martin Luther

Wenn wir den Armen und Kranken dienen, dienen wir Jesus.

Rosa von Lima

Lieben heisst, einen anderen Menschen so sehen zu können, wie Gott ihn gemeint hat.

Fjodor Dostojewski

Echte Liebe ist nur die Nächstenliebe – gleiche, unterschiedslose Liebe für alle.

Leo Tolstoi

Der Nächste ist nicht der, den ich mag. Er ist ein jeder, der mir nahe kommt – ohne Ausnahme.

Edith Stein

Ist nicht vielmehr das ein Fasten, an dem ich Gefallen habe: ungerechte Fesseln zu lösen, die Knoten des Joches zu öffnen, gewalttätig Behandelte als Freie zu entlassen und dass ihr jedes Joch zerbrecht? Besteht es nicht darin, dein Brot dem Hungrigen zu brechen und dass du heimatlose Elende ins Haus führst? Wenn du einen Nackten siehst, dass du ihn bedeckst und dass du dich deinem Nächsten nicht entziehst? Dann wird dein Licht hervorbrechen wie die Morgenröte, und deine Heilung wird schnell sprossen. Deine Gerechtigkeit wird vor dir herziehen, die Herrlichkeit des HERRN wird deine Nachhut sein. Dann wirst du rufen, und der HERR wird dir antworten. Du wirst um Hilfe schreien, und er wird sagen: Hier bin ich!

Jesaja 58,6-9

Ehre nicht Christus hier mit seidenen Gewändern, während du dich draussen auf der Strasse nicht um ihn kümmerst, wo er vor Kälte und Blösse zugrunde geht. Gott braucht keine goldenen Kelche, sondern goldene Menschen.

Johannes Chrysostomus

Es gibt kein Reich Gottes auf Erden ohne das Reich Gottes in unserem Herzen.

Albert Schweitzer

Früchte reifen durch die Sonne, Menschen reifen durch die Liebe.

Martin Buber

Vergebung

... und vergib uns unsere Sünden, wie auch wir vergeben unseren Sündigern ... Denn wenn ihr den Menschen ihre Sünden vergebt, so wird euer himmlischer Vater auch euch vergeben; wenn ihr aber den Menschen nicht vergebt, so wird euer Vater eure Sünden auch nicht vergeben.

Matthäus 6,12.14-15

Wenn ein Wissenschaftler dem Credo seines Berufs folgt, dann glaubt er an all das, was er belegen kann. Ich wurde Christ, weil ich in mir eine Not sah, der nur durch Jesus Christus abgeholfen werden konnte. Ich brauchte Vergebung, und er gab sie mir. Ich brauchte einen Begleiter, und er wurde mir zum Freund. Ich brauchte Ermutigung, und er schenkte sie mir.

R. L. Mixter

Es gibt nur einen Weg: Du musst deine Sünde ans Kreuz tragen und dort Vergebung finden.

Billy Graham

Ich bin der persönlichste Feind Gottes.

Wladimir Iljitsch Lenin

Wenn wir unsere Sünden bekennen, ist er treu und gerecht, dass er uns die Sünden vergibt und uns reinigt von jeder Ungerechtigkeit.

1. Johannes 1,9

Ich habe einen grossen Fehler begangen. Mich verfolgt das Gefühl, in einem Ozean voller Blut von den unzähligen Opfern verloren zu sein. Aber wir können nicht mehr zurück. Um unser Land, Russland, zu retten, hätten wir Männer wie Franz von Assisi gebraucht.

Wladimir Iljitsch Lenin

Es darf auf der ganzen Welt niemanden geben, und mag er selbst gesündigt haben, so viel er nur sündigen konnte, der von dir fortgehen müsste, ohne Erbarmen bei dir gefunden zu haben, wenn er Erbarmen wollte.

Franz von Assisi

Dürst nicht nach Rache und Blut; vergeben wäre wohl so gut.

Matthias Claudius

Hölle ist eine Welt, in der nie verziehen wird.

Milan Kundera

Der Mensch soll sich in keiner Weise als fern von Gott ansehen, weder wegen einer Schuld noch wegen einer Schwäche noch wegen irgendetwas sonst. Und sollten deine grossen Sünden dich auch so weit abgetrieben haben, dass du dich nicht als Gott nahe anzusehen vermöchtest, so sollst du doch Gott als dir nahe annehmen.

Meister Eckhart

Seid aber zueinander gütig, mitleidig, und vergebt einander, so wie auch Gott in Christus euch vergeben hat!

Epheser 4,32

Wenn ein Mensch erkennt sein Elend und seinen Berg von Sünden, Gott und seinen Mitmenschen gegenüber, ist er fähig und bereit alles und allen zu vergeben von ganzem Herzen. Die geistlich Blinden leben weiter ohne Vergebung mit ihrem verstockten Herzen, in ihrer Selbstgerechtigkeit.

Zoran Andonov

Vergebung aus dem Munde und keine Vergebung aus dem Herzen ist Heuchelei und Selbstlüge.
Zoran Andonov

Wohl erprobt sich die Liebe in der Treue, aber sie vollendet sich erst in der Vergebung.
Werner Bergengruen

Dann trat Petrus zu ihm und sprach: Herr, wie oft soll ich meinem Bruder, der gegen mich sündigt, vergeben? Bis siebenmal? Jesus spricht zu ihm: Ich sage dir: Nicht bis siebenmal, sondern bis siebzigmal siebenmal!
Matthäus 18,21-22

Am Kreuz Jesu kann unser Leben die entscheidende Wende erfahren: Abkehr von der Sünde, Vergebung der Schuld, Frieden mit Gott und den Menschen. Das ist es, was wir dringend brauchen.
Wilhelm Busch

Der Mensch wird Rechenschaft ablegen müssen über jeden Augenblick und jeden Groschen, für Speise und Trank und für alle Gedanken und Worte, sofern sie nicht durch Reue und Beichte ausgelöscht sind.
Birgitta von Schweden

Petrus aber sprach zu ihnen: Tut Busse, und jeder von euch lasse sich taufen auf den Namen Jesu Christi zur Vergebung eurer Sünden! Und ihr werdet die Gabe des Heiligen Geistes empfangen.
Apostelgeschichte 2,38

Religion ist Liebe und Versöhnung. Schon im Wort liegt es: Sie verbindet wieder, was getrennt war.
Ludwig Börne

Jesus aber sprach: Vater, vergib ihnen! Denn sie wissen nicht, was sie tun.

Lukas 23,43

Herr, vergib meinen Feinden. Du weisst, dass ich fälschlich angeklagt bin durch falsche Zeugen. Vergib ihnen um deiner grenzenlosen Gnade willen.

Jan Hus

Der höchste Augenblick eines Menschen – daran hege ich nicht den geringsten Zweifel – ist der, wenn er im Staube niederkniet, sich an die Brust schlägt und alle Sünden seines Lebens bekennt.

Oscar Wilde

Die Reue entspringt aus der Erkenntnis der Wahrheit.

Thomas Stearns Eliot

Der ist glücklich und reich, der voll der Gnade Gottes ist und keiner äusseren Ehre nachjagt.

Thomas von Kempen

Zieht nun an als Auserwählte Gottes, als Heilige und Geliebte: herzliches Erbarmen, Güte, Demut, Milde, Langmut! Ertragt einander und vergebt euch gegenseitig, wenn einer Klage gegen den anderen hat; wie auch der Herr euch vergeben hat, so auch ihr! Zu diesem allen aber zieht die Liebe an, die das Band der Vollkommenheit ist!

Kolosser 3,12-14

Wer nicht vergeben kann, der kann auch nicht lieben.

Martin Luther King

Vergebung befreit dich von den Kränkungen, die dir Menschen zugefügt haben. Der Engel des Verzeihens unterbricht den Teufelskreis der Wiedervergeltung.

Anselm Grün

Welch eine Befreiung ist es, wenn man vergeben kann!

Corrie ten Boom

Vergib, so viel du kannst, und gib, so viel du hast!

Friedrich Rückert

Der Schwache kann nie vergeben. Vergebung ist das Attribut des Starken.

Mahatma Gandhi

Ich denke, dass, wenn Gott uns vergibt, wir uns selbst vergeben müssen.

C. S. Lewis

Wer seine Hände nicht den Armen entgegenstreckt, um ihnen eine Gabe zu reichen, streckt sie umsonst zu Gott aus, um die Verzeihung seiner Sünden zu erlangen.

Berhardin von Siena

Wir sollen immer verzeihen: dem Reuigen um seinetwillen, dem Reuelosen um unseretwillen.

Marie v. Ebner-Eschenbach

Wie überwinden wir das Böse? Indem wir es vergeben ohne Ende. Wie geschieht das? Indem wir den Feind sehen als den, der er in Wahrheit ist, als den, für den Christus starb, den Christus liebt.

Dietrich Bonhoeffer

Der Mensch ist nie so schön, als wenn er um Verzeihung bittet oder selbst verzeiht.

Jean Paul

In der Verzeihung des Unverzeihlichen ist der Mensch der göttlichen Liebe am nächsten.

Gertrud v. le Fort

Wenn ich meinen Nächsten verurteile, kann ich mich irren, wenn ich ihm verzeihe, nie.

Karl Heinrich Waggerl

Verzeihen ist keine gelegentliche Handlung; es ist eine grundsätzliche Haltung.

Martin Luther King

Eher zerbersten Felsen, als dass sich Menschenherzen gegeneinander öffnen, die sich einmal gegeneinander verschlossen haben. Und doch geschieht dieses Wunder. Plötzlich gewinnt ein Wort Kraft, einen Menschen und sein Leben in eine ganz neue Richtung zu bewegen.

Paul Schütz

Gnade ist die Hoffnung der Sünder und die Zuflucht der Heiligen.

Charles H. Spurgeon

Sobald einer sagt, „Ich bin ein Sünder", setzt sich der Seraphim in Bewegung.

Robert Cleaver Chapman

Ich bedaure, in meinen Werken von religiösen Dingen oft respektlos gesprochen zu haben; aber ich wurde hierbei weit mehr von dem Zeitgeiste fortgerissen als durch den eigenen Trieb.

Heinrich Heine

Dann öffnete er ihnen das Verständnis, damit sie die Schriften verständen, und sprach zu ihnen: So steht geschrieben, und so musste der Christus leiden und am dritten Tag auferstehen aus den Toten und in seinem Namen Busse zur Vergebung der Sünden gepredigt werden allen Nationen, anfangend von Jerusalem.

Lukas 24,45-47

CHRISTENTUM

Ihr seid das Salz der Erde; wenn aber das Salz fade geworden ist, womit soll es gesalzen werden? Es taugt nichts mehr, als hinausgeworfen und von den Menschen zertreten zu werden. Ihr seid das Licht der Welt; eine Stadt, die oben auf einem Berg liegt, kann nicht verborgen sein. Man zündet auch nicht eine Lampe an und setzt sie unter den Scheffel, sondern auf das Lampengestell, und sie leuchtet allen, die im Hause sind. So soll euer Licht leuchten vor den Menschen, damit sie eure guten Werke sehen und euren Vater, der in den Himmeln ist, verherrlichen.

Matthäus 5,13-16

Wir müssen heilig werden: nicht weil wir uns heilig fühlen wollen, sondern damit Christus sein Leben völlig in uns ausleben kann. Wir sollen ganz Liebe, ganz Glauben, ganz Reinheit sein um derer willen, denen wir dienen. Und haben wir erst einmal gelernt, Gott und seinen Willen zu suchen, dann wird unsere Begegnung mit den Armen uns und andern zur Heiligung werden.

Mutter Teresa

Ich will umsonst predigen und schreiben und dadurch der Welt meine Verachtung zeigen: dass die Welt muss sehen, dass einer etwas Gutes tun kann, ohne Hoffart, vielmehr, weil er ein Christ ist.

Martin Luther

Ich bin Christ nicht als ein Schüler der Priester, sondern als ein Schüler Jesu Christi.

Jean-Jacques Rousseau

Je sündiger man sich fühlt, desto christlicher ist man.

Novalis

Die christliche Demut ist ebenso ein Dogma der Philosophie wie der Religion. Sie bedeutet nicht, dass ein redlicher Mann sich für schlechter halten muss als einen Schurken, noch dass ein begabter Mann kein Vertrauen in seine Begabung setzen soll, denn das wäre ein Urteil, das der Geist unmöglich fällen kann. Die christliche Demut besteht darin, dass wir die Wirklichkeit unserer Fehler und die Mängel unserer Tugenden erkennen.

Charles de Secondant

Nach dem Tode Christi unternahmen es zwölf arme Fischer und Handwerksleute, die Welt zu lehren und zu bekehren. Ihre Lehrart war einfältig, ihr Vortrag ungekünstelt, allein sie predigten mit gerührtem Herzen, und von allen Wundern, mit denen Gott ihren Glauben ehrte, war die Heiligkeit ihres Wandels am auffälligsten.

Jean-Jacques Rousseau

Die Aufgabe der Kirche ist nicht, sich selbst zu retten – Christus hat das bereits getan. Ihre Aufgabe ist es vielmehr, sich selbst in Liebe und Dienst hinzugeben – ja, für die Welt zu sterben.

Tullio Vinay

Die Kirche muss im Kleinen zeigen, was die Welt werden kann, wenn Menschen Jesus als den Retter der Welt annehmen.

Leon Joseph Suenens

Daher, wenn jemand in Christus ist, so ist er eine neue Schöpfung; das Alte ist vergangen, siehe, Neues ist geworden.

2. Korinther 5,17

Wie stark der Hang zum Bösen in uns Menschen ist, finden wir erst heraus, wenn wir uns von ihm lösen wollen.

C. S. Lewis

Frömmigkeit ist kein Zweck, sondern ein Mittel, um durch die reinste Gemütsruhe zur höchsten Kultur zu gelangen.
Johann Wolfgang v. Goethe

In unserem Fall werden wir wegen unseres Namens gehasst.
Athenagoras

Denken wir also gut von solchen, die christlich leben wollen, auch wenn wir Fehler an ihnen sehen; auch die Heiligen hatten Fehler.
Franz von Sales

Wie Christus zu sein ist ein Christ sein.
William Penn

Ein halber Christ ist ein ganzer Unsinn.
Christian Heinrich Grabbe

Menschen mit sonst gegensätzlichen Anschauungen reichen sich die Hand als Christen, die sich alle auf dem Weg zum ewigen Reich befinden.
Walter Nigg

Wer Vater oder Mutter mehr liebt als mich, ist meiner nicht würdig; und wer Sohn oder Tochter mehr liebt als mich, ist meiner nicht würdig; und wer nicht sein Kreuz aufnimmt und mir nachfolgt, ist meiner nicht würdig. Wer sein Leben findet, wird es verlieren, und wer sein Leben verliert um meinetwillen, wird es finden.
Matthäus 10,37-39

Es gibt zwei Arten von Christen: den Nachfolger Jesu, und dann die billigere Ausgabe davon, den Bewunderer Jesu.
Sören Kierkegaard

Wenn wir nicht solche Christen sind, wie Christus es haben will, so liegt die Schuld nicht an ihm, der uns helfen will, sondern an uns, die wir seine Hilfe ausschlagen.

Johann Amos Comenius

Wenn man sich mit Geschichte beschäftigt, wird man sehen, dass sich gerade die Christen, die am stärksten auf das Jenseits schauten, am eingehendsten mit dem Diesseits befassten.

C. S. Lewis

Das Christentum hat hauptsächlich dazu beigetragen, den Begriff der Einheit des Menschengeschlechtes hervorzuheben; es hat dadurch auf die Vermenschlichung der Völker in ihren Sitten und Einrichtungen wohltätig gewirkt.

Alexander v. Humboldt

Ich bekenne, dass ich, nachdem ich 60 Jahre Erde und Menschen studiert habe, keinen anderen Ausweg aus dem Elend der Welt sehe als den von Christus gewiesenen Weg. Es ist unmöglich, dass die Erde ohne Gott auskommt.

George Bernard Shaw

Wir können nicht im Frieden leben ohne die vom Christentum entwickelten Pflichten und Tugenden.

Helmut Schmidt

Es gibt kein Christentum der Gewalt; das ist Widerspruch in sich.

Reinhold Schneider

Nirgendwo im Evangelium finde ich eine Rechtfertigung für Unterdrückung, Mord, Gewalt; ein Christ, der sich ihrer schuldig macht, ist schuldig.

Heinrich Böll

Versuche jederzeit die Freude und das Glück zu zeigen, dass du Christ bist.
Michel Quoist

Die christliche Liebe wartet nicht auf die dürftige Bitte, sondern hilft auch vor der Bitte.
Kaiser Maximilian I.

Ein christliches Leben steht in dreien Stücken, im Glauben, Liebe und Kreuz.
Martin Luther

Die Demokratie verdankt ihre Entstehung und Entwicklung dem Christentum: Sie wurde geboren, als der Mensch berufen wurde, die Würde der Person in individueller Freiheit, den Respekt vor dem Recht des anderen und die Nächstenliebe gegenüber seinen Mitmenschen zu verwirklichen.
Robert Schumann

Keine Religion als die christliche hat gelehrt, dass der Mensch als Sünder geboren wird.
Blaise Pascal

Ein Christ ist ein solcher Mensch, der gar keinen Hass noch Feindschaft wider jemand weiss, keinen Zorn noch Rache in seinem Herzen hat, sondern eitel Liebe, Sanftmut und Wohltat.
Martin Luther

Wie es einen bösen, bitteren Eifer gibt, der von Gott trennt und in das Reich des Todes führt, so gibt es einen guten Eifer, der von der Sünde trennt, zu Gott und zum ewigen Leben führt.
Benedikt von Nursia

Gottlose Altweiberfabeln weise zurück! Übe dich in der Frömmigkeit! Körperliche Übung nützt nur wenig, die Frömmigkeit aber ist nützlich zu allem: Ihr ist das gegenwärtige und das zukünftige Leben verheissen.

1. Timotheus 4,7-8

Wo Sünden sind, das ist Vielheit, da sind Spaltungen, da sind Sekten, da sind Streitgespräche. Wo aber Tugend ist, da ist Einmütigkeit, da ist Einheit, weshalb alle Gläubigen eines Herzens und einer Seele waren.

Origenes

In eine Welt voll Kampf und Traurigkeit hinein tragen wir die Botschaft des Friedens und der Freude.

Friedrich v. Bodelschwingh

So steht nun, eure Lenden umgürtet mit Wahrheit, bekleidet mit dem Brustpanzer der Gerechtigkeit und beschuht an den Füssen mit der Bereitschaft zur Verkündung des Evangeliums des Friedens!

Epheser 6,14-15

Zu den Verlorenen zu gehen ist deine Pflicht.

William Booth

Ein Christ ist einer, der Jesus folgt. Und die Umkehr gilt auch: Wer Jesus nicht folgt, ist kein Christ.

Roland Werner

Erziehe Menschen ohne Religion und du machst sie nur zu klugen Teufeln!

A. Wellesley, Herzog von Wellington

Wir verlieren niemals etwas, wenn wir es aufgeben um des Gehorsams willen gegen Christus.

Johann Heinrich Wichern

Siehe, so fliesst aus dem Glauben die Liebe und Lust zu Gott und aus der Liebe ein freies, williges, fröhliches Leben, umsonst dem Nächsten zu dienen; denn ebenso wie unser Nächster Not leidet und unseres Überflusses bedarf, haben wir vor Gott Not gelitten und seiner Gnade bedurft. Darum sollen wir so, wie uns Gott durch Christus umsonst geholfen hat, mit dem Leib und seinen Werken dem Nächsten helfen. Wir sehen also, was für ein hohes, edles Leben das christliche Leben ist.

Martin Luther

„Mit Christus gekreuzigt sein" heisst, die Dinge zu kreuzigen, die gottlos sind – die Gott nicht repräsentieren.

Paul Kroll

Eine Familie, die zusammen betet, bleibt zusammen.

Mutter Teresa

Ja, ich habe alles gekannt: die Wissenschaft, die Kunst, die Freuden der Wissenschaft, die Freuden der Kunst, ich kenne das erhebende Gefühl des Erfolges, und mit wahrem Stolz habe ich meine Antrittsvorlesung mit 27 Jahren gehalten. Aber das alles hat meinen Durst nicht gestillt; ich fühle, dass das nicht alles ist, dass es nichts ist. Ich bin immer einfacher, immer mehr Kind geworden, und ich habe immer deutlicher erkannt, dass die einzige Wahrheit und das einzige Glück darin besteht, unserem Herrn Jesus Christus dort zu dienen, wo er uns braucht.

Albert Schweitzer

Wer sich nun vor den Menschen zu mir bekennt, zu dem werde auch ich mich vor meinem Vater bekennen. Wer mich aber vor den Menschen verleugnet, den werde auch ich vor meinem Vater im Himmel verleugnen.

Matthäus 10,32-33

Ich werde meine Religion bekennen, weil ich eine habe, und ich werde sie öffentlich bekennen, weil ich das Herz dazu habe.

Jean-Jacques Rousseau

Warum nimmt Gott die Christen nach ihrer Bekehrung nicht aus der Welt heraus? Er möchte, dass sie seine Zeugen werden – dass sie der gedankenlosen Masse vor Augen führen, wie es denen ergeht, die dem Evangelium glauben, im Gegensatz zu denen, die es zurückweisen. Aber gerade die Tatsache, dass die meisten Leute weder über ihre Sünden, noch über die Ewigkeit nachdenken, ist das grosse Hindernis, das der Ausbreitung des wahren Christentums im Wege steht.

Charles G. Finney

Ein Christ soll und muss ein fröhlicher Mensch sein.

Martin Luther

Die Bibel ermutigt uns sehr als Christen und Gemeinden freundlich zu sein, weil es eine Art Rückhalt gibt, in unserem Leben eine Rückversicherung des Himmels durch den Sohn Jesus Christus, komme, was da kommen mag, wir sind in seiner Hand.

Ingolf Ellssel

Wenn ich jemanden für das Christentum gewinnen will, lass ich ihn in meinem Hause wohnen.

Cyrill von Alexandria

Niemand ist so glücklich wie ein wahrer Christ, noch so vernünftig, noch so tugendhaft, noch so der Liebe wert!

Blaise Pascal

Gebet ist das Atemholen der Seele.

Johann Wolfgang v. Goethe

Je öfter für jemand gebetet wird, desto mehr Segen liegt auf ihm, denn kein gläubiges Gebet wird unerhört bleiben, wenn den Menschen auch die Art der Erhörung verborgen ist.

Gertrud die Grosse von Helfta

Das Gebet hat eine grosse Macht, das eine Person mit all ihrer Kraft verrichtet. Es macht ein wundes Herz süss, ein trauriges Herz froh, ein närrisches Herz weise, ein furchtsames Herz tapfer, ein krankes Herz gesund, ein blindes Herz sehend, ein kaltes Herz brennend.

Mechthild von Magdeburg

Christen, die beten, sind lauter Helfer und Heilande. Sie sind die Beine, die die ganze Welt tragen, wofür sie ihnen auch den Lohn gibt, dass sie gedrückt, verachtet und im Kot und Unflat liegen müssen.

Martin Luther

Das Christentum befremdet. Es fordert vom Menschen, dass er sich selbst als erbärmlich, ja als verächtlich erkenne, und es fordert von ihm, dass er wünsche, Gott ähnlich zu sein. Ohne ein solches Gegengewicht würde ihn diese Erniedrigung unerträglich gemein machen.

Blaise Pascal

Die andern Religionen, wie die heidnischen, sind volkstümlicher, denn sie bestehen in Äusserlichkeit; aber sie sind nichts für die Gebildeten. Eine rein geistige Religion würde den Gebildeten besser entsprechen, aber dem Volke würde sie nichts nützen. Nur die christliche Religion ist allen angemessen, da in ihr Äusserlichkeit und Innerlichkeit verbunden sind. Sie richtet das Volk innerlich auf und erniedrigt die Hochmütigen äusserlich, und sie braucht beides zur Vollkommenheit, denn das Volk muss den Sinn des Wortes verstehen, und die Gebildeten sollen ihren Geist dem Wort unterwerfen.

Blaise Pascal

Wahrlich, etwas ist dem Christentum mehr zuwider als jede Ketzerei; das ist, dass man Christentum spielt.

Sören Kierkegaard

Christus ist das Haupt der Kirche, nicht der Papst. Zu Beginn der Christenheit gab es gar keinen Papst. Er ist erst durch den Kaiser in seiner Würde eingesetzt und mit seinem Besitz begabt worden.

Jan Hus

Und er führte mich im Geist hinweg in eine Wüste; und ich sah eine Frau auf einem scharlachroten Tier sitzen, das voller Lästernamen war und sieben Köpfe und zehn Hörner hatte. Und die Frau war bekleidet mit Purpur und Scharlach und übergoldet mit Gold und Edelgestein und Perlen, und sie hatten einen goldenen Becher in ihrer Hand, voller Gräuel und Unreinheit ihrer Unzucht; und sie hatte an ihrer Stirn einen Namen geschrieben, ein Geheimnis: Babylon, die grosse, die Mutter der Huren und der Gräuel der Erde. Und ich sah die Frau trunken vom Blut der Heiligen und vom Blut der Zeugen Jesu. Und ich wunderte mich, als ich sie sah, mit grosser Verwunderung. ... Hier ist der Verstand nötig, der Weisheit hat: Die sieben Köpfe sind sieben Berge, auf denen die Frau sitzt.

Offenbarung 17,3-6.9

Die rechte, wahre Kirche ist gar ein kleines Häuflein, hat kein oder gar wenig Ansehn, liegt unter dem Kreuze. Aber die falsche Kirche ist prächtig, blühet und hat ein schön gross Ansehen wie Sodom.

Martin Luther

Gebt mir hundert Menschen, die niemanden ausser Gott fürchten, nichts ausser der Sünde hassen und sich ganz Gottes Willen ausliefern, und ich werde die Welt auf den Kopf stellen.

John Wesley

Das Christentum lehrte die Menschen, dass Liebe mehr wert ist als Intelligenz.

Jacques Maritain

Eine der Verwirrungen der Verdammten wird es sein zu sehen, dass sie verdammt sein werden durch ihre eigene Vernunft, mit der sie sich angemasst haben, die christliche Religion zu verdammen.

Blaise Pascal

Das Christentum ist das Meisterwerk des Judentums, seine Glorie und die Krönung seiner Entwicklung.

Ernest Renan

Um zweierlei müssen sich die Christen in der Welt sorgen; um das Wort Gottes und um das Werk Gottes.

Martin Luther

Göttliche Speise hat Jesus für jeden Menschen genug. Es sind nur wenige, die sich Zeit nehmen, um sie zu sich zu nehmen. Diesen bedauerlichen Zustand zu ändern, sind die Christen gefordert, und das Volk zur Speisung zu rufen.

Aloys Grass

Der Kommunismus ist weder militärisch noch wirtschaftlich oder kulturell zu besiegen, sondern nur durch überzeugtes Christentum zu überwinden.

Konrad Adenauer

Einer trage des anderen Lasten, und so werdet ihr das Gesetz des Christus erfüllen.

Galater 6,2

Ich bin Christ; mein Glaube gibt mir Spass am Leben. Mein Leben ist keine Ramschware zum Schleuderpreis; es hat Höchstwert, weil Gott mich liebt.

Peter Hahne

Wir Christen gehen nur deshalb in den Stürmen der Welt nicht unter, weil wir vom Kreuzholz getragen werden.

Augustinus

Mit der Auferstehung bricht in diese Welt das Licht des ewigen Lebens hinein und zeigt, dass nicht die Bosheit den Sieg hat, sondern die Gerechtigkeit, nicht der sinnlose Zufall, sondern das Heil und die Gnade.

Karl Heim

Kultur des Intellekts ohne Religion im Herzen ist nur zivilisierte Barbarei und verhüllter Animalismus.

Christian Karl v. Bunsen

Ich suche nicht das Meine, sondern allein des ganzen Deutschland Glück und Heil.

Martin Luther

Arbeite, als ob du hundert Jahre alt werden würdest, bete, als ob du morgen sterben würdest!

Benjamin Franklin

Man kann einen Christen ohne Gebet ebenso wenig finden, wie einen lebendigen Menschen ohne den Puls, der niemals still steht.

Martin Luther

Der Unterschied zwischen einem bewussten Christen und einem Weltmenschen besteht nicht in Glaubenssätzen oder Zeremonien, sondern darin, dass der eine Sieger ist über Sünde, Welt und Satan, während der andere von ihnen besiegt wird.

Arthur Booth-Clibborn

Tu nichts, was du nicht tun würdest, wenn Jesus kommt. Geh nirgendwo hin, wo du nicht sein möchtest, wenn Jesus kommt.

Corrie ten Boom

Ich bitte, man wolle meines Namens geschweigen und sich nicht lutherisch, sondern Christen heissen. Was ist Luther? Ist doch die Lehre nicht mein. So bin ich auch für niemand gekreuzigt.

Martin Luther

Glückselig die Sanftmütigen, denn sie werden das Land erben.

Matthäus 5,5

Diesen Rechtlosen und Ohnmächtigen gehört die Erde. Die sie jetzt besitzen mit Gewalt und Unrecht, sollen sie verlieren, und die hier ganz auf sie Verzicht geleistet haben, die sanftmütig waren bis zum Kreuz, sollen die neue Erde beherrschen.

Dietrich Bonhoeffer

Jedem, der Retter ist und gerettet hat, dem ist man dankbar. Der grösste Retter aller Zeiten ist Jesus, der uns gerettet hat vor dem sicheren Tod. Durch ihn werden die Menschen ewig leben können. Wie dankbar sollten wir ihm sein, der uns das Wertvollste erhalten will, was wir haben; unser Leben. Auch wir können zum Segen für andere werden, wenn wir die Botschaft, unser Zeugnis, den Unwissenden weitergeben.

Aloys Grass

Evangelisation ist nichts als dass ein Bettler dem anderen zeigt, wo es Brot gibt.

D. T. Niles

Europa ist heute nur dem Namen nach christlich. In Wirklichkeit betet es den Mammon an.

Mahatma Gandhi

Wascht euch, reinigt euch! Schafft mir eure bösen Taten aus den Augen, hört auf, Böses zu tun! Lernt Gutes tun, fragt nach dem Recht, weist den Unterdrücker zurecht! Schafft Recht der Waise, führt den Rechtsstreit der Witwe!

Jesaja 1,16-17

Sehr blind ist man, wenn sich selbst nicht als voll Dünkel, Ehrgeiz, Begierden, Schwäche, Elend und Ungerechtigkeit erkennt. Und wenn man, nachdem man dies erkannte, nicht wünscht, davon befreit zu werden. Was könnte man von einem Menschen sagen ...? Kann man anderes als Verehrung für eine Religion empfinden, die die Fehler des Menschen so genau kennt, und kann man anderes wünschen, als dass eine Religion Wahrheit sei, die so wünschenswerte Heilmittel verspricht?

Blaise Pascal

Es gibt zwei Wege, von der Wahrheit unserer Religion zu überzeugen: der eine bedient sich der Überzeugungskraft der Vernunft, der andere der Autorität dessen, der spricht.

Blaise Pascal

Wenn die Christen nur einmal anfingen, ernst zu machen mit ihrem Glauben, dann wäre das eine Revolution, wie die Weltgeschichte noch keine gesehen hat.

Georges Clemenceau

Das ist das erste und höchste Werk der Liebe, was ein Christ, wenn er gläubig geworden ist, tun soll: dass er andere Leute auch zum Glauben bringe, wie er dazu gekommen ist.

Martin Luther

Die Menge derer aber, die gläubig geworden, war ein Herz und eine Seele; und auch nicht einer sagte, dass etwas von seiner Habe sein eigen sei, sondern es war ihnen alles gemeinsam.

Apostelgeschichte 4,2

Wenn wir die Menschen nur so nehmen, wie sie sind, so machen wir sie schlechter; wenn wir sie behandeln, als wären sie, was sie sein sollten, so bringen wir sie dahin, wohin sie zu bringen sind.

Johann Wolfgang v. Goethe

Es ist wahr, es macht Schmerzen, wenn man sich zur Frömmigkeit wendet. Diese Schmerzen aber entstammen nicht der Frömmigkeit, die in uns wächst, sondern der Gottlosigkeit, die noch in uns ist. Würden sich unsere Sinne nicht der Busse, würde sich unsere Verderbtheit nicht der Reinheit Gottes widersetzen, gäbe es für uns hier keine Qual. Nur im Verhältnis, in dem sich das Laster, das uns natürlich ist, der übernatürlichen Gnade widersetzt, leiden wir, unser Herz fühlt sich zwischen diesen Gegensätzen wie zerrissen. Es wäre aber völlig ungerecht, wollte man diese Heftigkeit Gott, der uns anzieht, vorwerfen und sie nicht der Welt, die uns zurückhält, zuschreiben.

Blaise Pascal

Unser Leben ist nicht eine Frommheit, sondern Frommwerden, nicht eine Gesundheit, sondern ein Gesundwerden, nicht eine Ruhe, sondern eine Übung. Wir sind`s noch nicht, wir werden`s aber.

Martin Luther

Glücklich der Mensch, der Weisheit gefunden hat, der Mensch, der Verständnis erlangt! Denn ihr Erwerb ist besser als Silber und wertvoller als Gold oder Gewinn.

Sprüche 3,13-14

Je weniger Erkenntnis ein Mensch besitzt, desto ferner fühlt er sich von Gott.

Albert Einstein

Nicht der ist ein rechter Christ, der keine Sünde hat noch fühlt, sondern dem solche Sünde von unserem Herrgott um seines Glaubens willen nicht zugerechnet wird.

Martin Luther

Nichts kann einen so zum Nachfolger Christi machen wie die Sorge um den Nächsten.

Johannes Chrysostomus

Das Gebet öffnet uns die Augen, und wir erkennen die Wunder an dem Gesetz Gottes.

Roland Leonhardt

Wie reist es sich so leicht zur Ewigkeit ohne viel irdisches Gepäck.

Anna Katterfeld

Unrecht leiden schadet keinem Christen. Aber Unrecht tun schadet.

Dietrich Bonhoeffer

Naturwissenschaft und Religion in Gegensatz zu stellen ist Sache von Leuten, die schlecht unterrichtet sind in der einen wie in der anderen Wissenschaft.

Paul Sabatier

Kein Mensch lebt allein, kein Mensch glaubt allein. Gott spricht sein Wort zu uns, und indem er es spricht, ruft er uns zusammen, schafft er seine Gemeinde, sein Volk, seine Kirche.

Basilius von Selenkia

Es ist nicht der Sinn des Lebens, glücklich zu sein, Vergnügen zu finden und dem Schmerz zu entgehen, sondern den Willen Gottes zu tun, komme, was da kommt!

Martin Luther King

Die christlichen Tugenden Glaube, Hoffnung und Liebe sind beredter Ausdruck einer optimistischen Lebensauffassung.

Carl Peter Fröhling

Ein Wunder ist das Leben, das Gott uns erhält. Ein Wunder ist der Dienst, den Gott uns erlaubt. Ein Wunder ist das Reich, zu dem Gott uns beruft.

Friedrich v. Bodelschwingh

Schweres Leiden bedeutet tiefere Segnung. Unsere Arbeit wird durch Prüfungen nicht gehindert, sondern vertieft und erweitert.

Hudson Taylor

Wir haben das Paradies verloren, aber den Himmel empfangen, darum ist der Gewinn grösser als der Verlust.

Johannes Chrysostomus

Und ich hörte eine laute Stimme vom Thron her sagen: Siehe, das Zelt Gottes bei den Menschen! Und er wird bei ihnen wohnen, und sie werden sein Volk sein, und Gott selbst wird bei ihnen sein, ihr Gott. Und er wird jede Träne von ihren Augen abwischen, und der Tod wird nicht mehr sein: denn das Erste ist vergangen. Und der, welcher auf dem Thron sass, sprach: Siehe, ich mache alles neu. Und er spricht: Schreibe! Denn diese Worte sind gewiss und wahrhaftig.

Offenbarung 21,3-5

Was ich sah, war ein einiges Lächeln des Universums. Unsagbar war hier der Jubel und die Freude!

Dante Alighieri

Warum sollte man Christ sein? ... Um wahrhaft Mensch zu sein.

Hans Küng

Wer ein Kind Gottes ist, in dem legt der Heilige Geist die Arbeit nicht nieder, bis er sie vollbracht hat, bis alle Schatten der Sünde, alle Unregelmässigkeiten in den Zügen des Christenlebens hinweggetan sein werden.

Hermann v. Bezzel

Die Kirche ist wie ein Schiff. Sie hat als erfahrenen Steuermann Christus bei sich und trägt in ihrer Mitte das Kreuz des Herrn, das Siegeszeichen gegen den Tod.

Hippolyt von Rom

Der Mensch ist von unvergleichlichem Wert, denn Gott liebt ihn und Jesus ist für ihn gestorben, und der Geist kann aus ihm einen Menschen im vollsten Sinne machen.

F. R. Barry

Wir bemerken auf einmal, dass wir nicht nur sündhaft handeln, sondern auch sündhaft sind; es packt uns die Unruhe nicht nur über unser Tun, sondern auch über unser Sein.

C. S. Lewis

Man gelangt dahin, die Erbsünde zu erkennen und zu spüren, jenen dunklen Kontrapunkt der Bosheit, der in unserem Wesen liegt, ja unseres Wesens ist, wiewohl nicht unser Wesen. ... Leben in Gott ist nicht die Flucht hiervor, sondern der Weg der vollen Einsicht darin.

Dag Hammarskjöld

Eine Antwort auf die Frage nach dem Sinn des Lebens und aller Lebewesen gefunden zu wissen heisst, religiös zu sein. Wer sein eigenes Leben und das seiner Mitmenschen als sinnlos empfindet, der ist nicht nur unglücklich, sondern auch kaum lebensfähig.

Albert Einstein

Christen haben Mut, weil Christus ewiges Leben gibt. Hier ist die Quelle echten Trostes: Glaube, Gebet, Gemeinschaft.

Peter Hahne

Nun hat es aber Gott so und nicht anders eingerichtet, dass einer die Last des anderen tragen soll; denn keiner ist ohne Fehler, keiner ohne Last und keiner weiss sich in allem selbst zu raten. Einer muss den anderen tragen, einer den anderen trösten, stützen, unterweisen und aufrichten.

Thomas von Kempen

Christen, die nicht ganz nach dem Wort Jesu handeln, sind Saboteure in den eigenen Reihen.
Aloys Grass

Gottes Gedanke für uns ist, dass wir im Leben durch Jesus Christus regieren sollen. Du musst erkennen, wie wunderbar du in Gott gemacht bist und wie hilflos du in dir selbst bist.
Smith Wigglesworth

Es ist eines Christen unwürdig, in einem Zustand leben zu wollen, in dem er nicht sterben möchte.
Hieronymus

Es gibt nicht Entmutigenderes, als wenn ein Christ nachgibt gegen die Versuchung der Sünde.
Peter Good

Wiederum sage ich euch: Wenn zwei von euch auf der Erde übereinkommen, irgendeine Sache zu erbitten, so wird sie ihnen werden von meinem Vater, der in den Himmeln ist. Denn wo zwei oder drei versammelt sind in meinem Namen, da bin ich in ihrer Mitte.
Matthäus 18,20

Gemeinschaft mit Christus ist auch Gemeinschaft mit Menschen, die ihn lieben und an ihn glauben.
Roland Leonhardt

Mensch, wirst du nicht ein Kind, so gehst du nimmer ein, wo Gottes Kinder sind, die Tür ist gar zu klein.
Angelus Silesius

Das Christentum ist die Vervollkommnung, Ergänzung und Krone der Synagoge; denn die Synagoge war das Versprechen und das Christentum die Erfüllung dieses Versprechens.
Israel Zolli

Es gibt keine überzeugungskräftigere Apologie des Christentums als die Sterbebetten wahrer Christen.

Franz Delitsch

Wenn einer zu dir kommt und von dir Hilfe fordert, dann ist es nicht an dir, ihm mit frommem Mund zu empfehlen: „Habe Vertrauen und wirf deine Not auf Gott", sondern du sollst handeln, als wäre da kein Gott, sondern auf der ganzen Welt nur einer, der diesem Menschen helfen kann, du allein.

Martin Buber

Es trifft zwar zu, dass es andere Religionen mit Millionen von Anhängern gibt; aber es trifft ebenfalls zu, dass die Existenz und die Ausbreitung der Gemeinde in der Geschichte einzigartig ist, ganz zu schweigen von der Tatsache, dass das Christentum die grössten Denker der Menschheit zu sich hingezogen hat und in keiner Weise durch die immer weiter steigende Flut des menschlichen Wissens gehindert wird.

W. H. G. Thomas

Glückselig seid ihr, wenn sie euch schmähen und verfolgen und alles Böse lügnerisch gegen euch reden werden um meinetwillen. Freut euch und jubelt, denn euer Lohn ist gross in den Himmeln; denn ebenso haben sie die Propheten verfolgt, die vor euch waren.

Matthäus 5,11-12

Nietzsche hat gesagt: „Seit ich die Menschen kenne, liebe ich die Tiere". Ich aber sage: „Seit ich Gott kenne, liebe ich die Menschen".

Jonel Rotaru